Geschichten aus dem Pfaffenwinkel

Umschlaggestaltung und Zeichnungen: Hermut K. Geipel
Satz und Druck: M.+A. Fischer, 8120 Weilheim i. OB
ISBN 3-924012-03-2

Geschichten aus dem Pfaffenwinkel

Von Heiligen und Seligen,
von Wundern und Legenden

Von Rebellen und allerhand Leuten,
die zu ihrem Recht kommen wollten

Von den Abenteuern des Spiegelschwaben
und den Weilheimer Stückln

Von den Geheimnissen,
die in Tieren und Pflanzen verborgen sind

Von Sagen und von verborgenen Schätzen

Von Wildschützen, Räubern, Mördern und Hexen

Von Straßen und Brücken

Erzählt von Christian Buck
Bebildert von Hermut K. Geipel

Stöppel Verlag

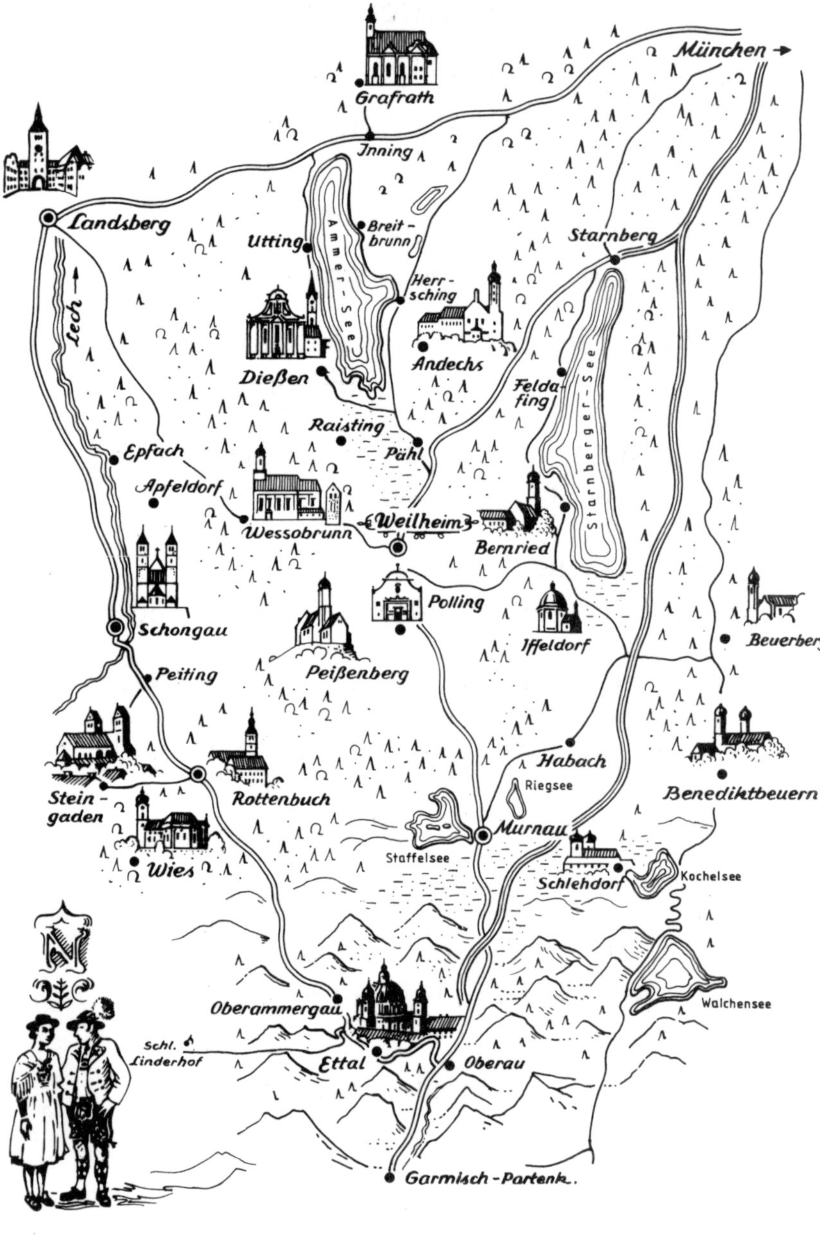

München
Grafrath
Inning
Landsberg
Utting
Breit-
brunn
Ammer-See
Herr-
sching
Starnberg
Andechs
Dießen
Lech
Felda-
fing
Starnberger-See
Raisting
Pähl
Epfach
Apfeldorf
Wessobrunn
Weilheim
Bernried
Polling
Schongau
Iffeldorf
Beuerberg
Peißenberg
Peiting
Habach
Riegsee
Rottenbuch
Stein-
gaden
Benediktbeuern
Murnau
Staffelsee
Wies
Schlehdorf
Kochelsee
Walchensee
Oberammergau
Schl.
Linderhof
Ettal
Oberau
Garmisch-Partenk.

Vorwort

Immer schon
haben mich Menschen mehr in ihren Bann gezogen als ihre fertigen Werke. Ich bewundere den Stuck, aber wenn ich mich in eine Barockkirche zu versenken versuche, kommt es unausweichlich über mich, daß ich frage: Wie haben die Menschen damals gelebt? Was war für sie wichtig? Worüber haben sie geredet und was haben sie sich erzählt? Sollten ihre Geschichten weniger aufschlußreich sein als ihre Geschichte?

Immer schon
habe ich gerne Geschichten gehört und gerne Geschichten erzählt; wahre Geschichten, wie hier in den Kapiteln VI und VII. Aber ich lasse auch gerne die Fabulierlust mit mir durchgehen. So stehen auch in diesem Buch Geschichten, die ich mit schmunzelndem Augenzwinkern erzähle: Wer's nicht glaubt, ist selber schuld – und wer's glaubt, dem ist nicht zu helfen!

Immer schon
war der Pfaffenwinkel Heimat meiner Geschichten. Wenn ich ihnen einen Wunsch mitgebe, dann ist es der: Sie mögen dem Leser diesen Landstrich noch liebenswerter erscheinen lassen, als es Kunst, Geschichte, Natur und die heutigen Bewohner ohnehin tun!

Weilheim, im September 1983

Christian Buck

I

Von Heiligen und Seligen,

von Wundern und Legenden

Warum es so wenig Heilige und so viele Selige gibt, im Pfaffenwinkel

Zugegeben: Mit den Heiligen tun wir uns ein bißchen schwer, im Pfaffenwinkel. Oder anders gesagt: Wir müssen sie doch ein wenig weit herholen, weil sie zwar aus unserer Gegend stammen aber anderswo Heilige geworden sind.
Vielleicht ist das Land zwischen Isar und Lech mit seinen vielen Bergen und Seen, Tälern und Weihern schon von seinem Schöpfer mit so viel Heiterkeit angelegt worden, daß es niemand von den großen Kirchenheiligen als dauernde Wohnstatt haben konnte. Andererseits mag diese Landschaft schon unsere heidnischen Urvorfahren viel zu lebensfroh gestimmt haben, als daß sie auf den Gedanken gekommen wären, einen der frühen Glaubensboten zum Märtyrer zu machen. So oder so: Mit den Heiligen bei uns ist es so eine Sache!
Dafür hat dieser Landstrich Selige hervorgebracht, wie kaum ein anderer nördlich der Alpen. Allein aus dem Grafengeschlecht derer von Dießen und Andechs sind 27 Selige entsprossen. (Oder sogar 28, aber über die Anzahl mögen Sie selber bestimmen, wenn Sie die Geschichte vom beinahe seligen Leipold gelesen haben.) Und dabei sind die Dießen-Andechser nur die um den Ammersee herum!
Wer den Pfaffenwinkel recht verstehen will, sollte einmal darüber nachdenken – am besten ganz für sich allein und in einer der alten Barockkirchenbänke – warum es bei uns so viele bodenständige Selige aber eben doch keine Heiligen gibt.
Außer, wie gesagt, wir holen sie ein wenig weit her.

Die heilige Hedwig von Schlesien

Fangen wir damit an, daß wir steif und fest behaupten, sie wäre im Pfaffenwinkel auf die Welt gekommen, und zwar auf Andechs – nicht auf dem Heiligen Berg, das war er damals noch nicht. Dort oben stand die Burg der Grafen von Dießen-Andechs. Zur Zeit von Hedwigs Geburt regierte noch ihr Großvater, Berthold III. Er re-

gierte aber nicht nur seine Grafschaft Dießen-Andechs sondern insgesamt deren sieben: die Markgrafschaft Istrien, die Grafschaften Thanning-Wolfratshausen, Amras in Tirol, Rädengau in Mittelfranken, Neuburg und Schärding am Inn und zugegebenermaßen als recht häufigen Aufenthaltsort die Plassenburg bei Kulmbach in Oberfranken. Weil aber Hedwigs Vater, der spätere Berthold IV. zur Zeit der Geburt seiner Tochter wahrscheinlich mit Kaiser Friedrich Barbarossa auf dessen eben begonnenem fünften Italienzug gewesen sein wird, ist nicht einzusehen, warum die Mutter ihr Kind nicht in dem näheren Andechs sondern in der ferneren Plassenburg auf die Welt hätte bringen sollen.
Nun, fest steht jedenfalls, daß Hedwig 1174 als Tochter des späteren Grafen Berthold geboren wurde, der Kaiser Friedrich Barbarossa nicht nur auf dem Italienfeldzug sondern auch beim Kreuzzug begleitete; ein mächtiger Herr, der zu seinen sieben Grafschaften auch noch die Würde eines Reichsfürsten erlangte und zum Herzog von Meranien ernannt wurde.
Bei solchen Hochadelsprädikaten braucht es nicht zu verwundern, daß die Tochter – oder sagen wir besser: das Töchterlein Hedwig entsprechend verheiratet wurde, mit Herzog Heinrich I. von Polen und Schlesien. Und wenn man das Hochzeitsjahr hernimmt, muß man schon zweimal hinschauen, aber es stimmt: 1186 – Hedwig war ganze 12 Jahre alt.
Ihr Gemahl war von Kaiser Friedrich eingesetzt worden, damit er die polnisch-schlesischen Grenzstreitigkeiten beende, Schlesien kolonisiere und den christlichen Glauben festige. In diesem Auftrag rief er deutsche Siedler ins Land, ließ Kirchen bauen und Klöster gründen; bei vielen davon ist seine Gemahlin Hedwig als Stiferin genannt. So gründete sie auch das Zisterzienserkloster Trebnitz bei Breslau, in das sie sich nach dem Tode ihres Gemahls 1238 mehr und mehr zurückzog.
Ihr Sohn Heinrich II. mußte 1241 sein Herzogtum gegen den Ansturm der Mongolen verteidigen. Am 9. April sagte Hedwig urplötzlich zu ihrer Vertrauten: Soeben ist mein Sohn gefallen! Sie ließ sich auf das Schlachtfeld bei Liegniz geleiten, wo der Mongolensturm abgewehrt worden war. Hedwig fand ihren Sohn enthauptet, erkannte ihn an den sechs Zehen, die er an seinem rechten Fuß

hatte, fiel auf die Knie und dankte Gott, daß er ihr einen Sohn geschenkt hatte, der sie in seiner Liebe und in seinem Gehorsam als Mutter nie enttäuscht hatte, und der sein Leben hingab im Kampf gegen die Heiden.
Von nun an widmete sich Hedwig ganz einem mildtätigen, entsagungsreichen und frommen Lebenswandel. Am 15. Oktober 1243 ist sie im Kloster Trebnitz gestorben. Schon 1267 erfolgte ihre Heiligsprechung.
Sie wird auch heute noch als Patronin Schlesiens verehrt: Seit der Vertreibung der Schlesier aus ihrem Land geschieht dies auf dem Heiligen Berg Andechs.

Die heilige Elisabeth von Thüringen

Die heilige Hedwig hatte eine Schwester Gertrud, die als Frau des ungarischen Königs 1213 ermordet wurde. Gertruds Tochter Elisabeth ist mit vier Jahren auf die Wartburg gekommen und wurde dort, vierzehnjährig, mit dem Landgrafen Ludwig IV. von Thüringen verheiratet. Sie wurde als Neunzehnjährige schon Witwe, als ihr Gemahl 1227 auf einem Kreuzzug ums Leben kam. Elisabeth überlebte ihn nur um vier Jahre; am 19. November 1231 starb auch sie. Papst Gregor sprach sie 1235 heilig.
Abstammungsmäßig ist also auch die heilige Elisabeth von Thürin-

gen eine Andechserin. Bei der Gründung des Klosters auf dem Heiligen Berg wurde sie zur dritten Patronin erkürt: „Zu Sankt Elisabeth Ehren ist nach unser Lieben Frauen und dem Heiligen Bischoffen Nicolaus das Closter und Kirchen auf dem Heiligen Berg Andechs geweyhet worden."

Die selige Mechthild von Dießen

Die Tochter des Grafen Berthold II. von Dießen-Andechs hatte schon früh ihre Mutter verloren und wurde darum 1125 ins Chorfrauenstift St. Stephan in Dießen gegeben, das ihre Großmutter gegründet hatte.
Auf Drängen ihrer Schwester Gisela, die das Chorfrauenstift Edelstetten in Schwaben reformieren wollte, übernahm Mechthild dort das Amt einer Äbtissin, fand darin aber weder die rechte Erfüllung noch dauerhaften Erfolg. Darum kehrte sie sechs Jahre später wieder nach Dießen zurück, um „sich in die Tiefe ihres schweigsamen Herzens zurückzuziehen". Noch zu ihren Lebzeiten wurde sie einer Heiligen gleich verehrt; „wer mit ihr sprach, glaubte einen Engel vor sich zu haben", wie ihr Biograph Engelhardt schrieb. Das beschauliche Leben wurde allerdings bald in einem seligen Tod erfüllt; sie starb noch im Jahre ihrer Rückkehr in Dießen und wurde in St. Stephan beigesetzt. Über ihren Tod gibt es zwei Angaben: den 31. Mai und den 6. Juli 1160.
Ihr wurden zahlreiche Wunderheilungen zugeschrieben, im 15. Jahrhundert war sie nicht nur verehrt, ihre Grabstätte wurde zum Ziel von Wallfahrten. Dort gab es auch den „Kopfwehstein", ein großes, rundliches Tuffstück. Wer davon Sand abschabte und sich vor die Stirne band, konnte seine Kopfschmerzen lindern.
Der Markt Dießen und seine Nachbargemeinden stifteten zum Grab der seligen Mechthild große Wetterkerzen. Immer, wenn ein schweres Gewitter aufzog, läutete man im Chorherrenstift die 16 Zentner schwere Mechthildisglocke (die 1827 beim Brand des Dießener Kirchturms, ausgerechnet durch einen Blitz gezündet, zerschmolzen ist,) und entzündete die Wetterkerzen an ihrem Grab.
Von den recht zahlreichen Heilungslegenden seien zwei erzählt:

Die Heilung der Besessenen

In das Stift Edelstetten wurde ein Mädchen gebracht, mit dem sich die Eltern nicht mehr zu helfen wußten. Es hatte seine verständliche Sprache verloren und schrie nur entsetzlich, wenn immer wer das Kind anfassen wollte. Es wollte auch keine Kleider mehr auf seinem Körper leiden sondern zerriß sie in Fetzen. Schließlich fing das Mädchen an, sich selber zu zerkratzen und blutig zu schinden, so daß es die Eltern fesselten, um es davor zu bewahren, sich selber zu zerfleischen.

Mechthild nahm die Besessene auf, wachte und betete bei ihr und brachte es bald so weit, daß sich das Kind die Hand auflegen ließ. Da dauerte es denn auch nimmer lang, bis das Mädchen am Chorgebet teilnehmen konnte, wieder sprechen lernte und endlich ein frommes, christliches Leben führen konnte.

Die Heilung des armen Konrad

Als Mechthilds Leichnam gerade in der Kirche aufgebahrt lag, wagte sich Konrad, ein armer Höriger des Grafen hinzu. Er litt seit langer Zeit unter Kopfweh, so arg, daß er meinte besser sterben zu sollen, als solche Schmerzen zu ertragen. Voll Vertrauen darauf, daß die verblichene Mechthildis schon im Himmel sei und dort Macht hätte, Fürbitte zu tun, berührte der arme Konrad das Haupt der Toten. Er war auf der Stelle geheilt und blieb zeitlebens ein Zeuge für die Wunderkraft der seligen Mechthild.

Der selige Graf Rasso von Grafrath

Als Rathold, der heldenhafte Graf von Dießen, anno 902 in der Schlacht gegen die Ungarn gefallen war, da zog sich seine Witwe in die Einsamkeit eines Frauenklosters zurück. Ihren Sohn Rasso aber gab sie zur Erziehung in das Kloster St. Georgen auf dem Berg über Dießen, daß er sich frühzeitig in christlicher Tugend übe. Später aber kam er zu ihrem Bruder auf die Burg, damit er ritterliche Zucht erlerne.

Rasso wuchs heran zu einem Hühnen an Gestalt und einem Meister an Reinheit der Seele. Keiner konnte den Hammer weiter werfen als er und keiner vermochte sich tiefer ins Gebet zu versenken. Als nun die Zeit seiner Schwertleite herangekommen war, brachte ihm ein Engel vom Himmel das Siegkreuz seines Großoheims, Kaiser Karl des Großen, dieses Kreuz, das später in den berühmten Heiltumschatz des Klosters Andechs eingehen sollte.

Mit diesem Kreuz war Rasso unbezwingbar geworden. Kein irdischer Gegner und nicht einmal der höllische Versucher konnten ihm noch etwas anhaben.

Otto der Große lud Rasso zum Turnier nach Magdeburg, wo die Besten des Reiches versammelt waren um untereinander die Kräfte zu messen und sich auch mit heidnischen Recken zu vergleichen.

Keiner konnte vor Rasso bestehen, so daß ihn der Kaiser zum Turnierkönig erhob, vor allen anderen. Die Heiden boten ihm unvorstellbare Schätze, wenn er in ihre Dienste treten wollte. Rasso aber blieb seinem Glauben und seinem Kaiser treu.
Als die Ungarn wieder einmal gegen die Grenzen des Baiernlandes anstürmten, kämpfte Rasso in der Schlacht an der Enns mit solchem Heldenmut, daß ihn der Kaiser zum Markgrafen erhob und ein Standbild schlagen ließ, das den Hühnen hoch zu Roß zeigte. Zu Mauerkirchen wurde dieses Bildnis lange verehrt.
Graf Rasso aber hatte gelobt, seinem Herrgott für all die Gnade zu danken, mit der er ihm Sieg und Ruhm erringen ließ. Nach den Sitten der Zeit wollte er seinen Dank durch eine Pilgerfahrt zum Heiligen Grab in Jerusalem darbringen. Auch als Pilger wurde Rasso in eine große Verantwortung gestellt; sein Herzog Heinrich vertraute ihm seine Gemahlin an, die gleichfalls an den Stätten beten wollte, an denen ihr Herr Jesus einst gewirkt hatte und auferstanden war. Weil aber solche Reisen gefährlich waren, weil sie zuerst durch wildes Gebirge führten, wo Wegelagerer ihr Unwesen trieben, später durch allerlei Meere, in denen Seeräuber lauerten und schließlich noch durch das Land heidnischer Stämme, die Jerusalem bedrohten, darum gab der Herzog seinem Grafen Rasso ein starkes und bewaffnetes Gefolge mit, auf daß er allen Widerwärtigkeiten trotzen konnte.
Rasso nahm den Weg über Rom. Hier empfingen Judith und er den päpstlichen Segen. Danach gelangten sie auf Schiffen glücklich ins Heilige Land und erreichten bald die hochgebaute Stadt Jerusalem. Rasso war nicht nur fromm im Gebet; er war auch erfolgreich gegen die Heiden, brachte aus ihren frevlerischen Händen den Leib des Propheten Simeon an sich und die Gebeine des heiligen Timotheus, welcher einst vom Kaiser Nero zu Tode gemartert worden war.
Die Rückreise führte über Konstantinopel, das alte Byzanz. Dort brachte Rasso zunächst das halbe Schweißtuch an sich, das Jesus auf dem Weg zum Ölberg benützt hatte, um sich das Blut aus dem Gesicht zu trocknen. Er gelangte auch noch an ein Stück des Tischtuches, das beim letzten Abendmahl des Herrn benützt worden war.
Wieder in Rom, war Papst Agapet II. von Graf Rasso so angetan,

daß er ihm überaus wertvolle Heiltumsschätze schenkte, auf daß er sie seiner Heimat zu rechter Verehrung zuführte. Er gab ihm das Haupt und den rechten Arm des Apostels Philippus, die Kinnlade Johannes des Täufers, den Arm des hl. Bartholomäus sowie kleinere Reliquien der Apostel Petrus, Paulus, Simon, Judas des Jakobus Sohn und Jakobus. In Mailand schließlich erhielt Rasso noch die Hirnschale des heiligen Barnabas, der zu den 70 Jüngern gehört hatte.
Also reich mit heiligen Schätzen beladen durfte Graf Rasso glücklich in seine Heimat zurückkehren. Er führte dem Herzog wohlbehalten seine Gemahlin wieder zu und begehrte als Lohn nichts weiter als Land für ein Kloster, in dessen Kirche er die Heiltümer aufbewahren und zur Verehrung zeigen lassen wollte, die er von seiner Pilgerreise mitgebracht hatte.
Auf einer Amperinsel erbaute Rasso das Kloster. Er legte all seine weltlichen Ehren und Würden ab und trat als Mönch ins eigene Kloster ein. 954 starb er, ein Jahr vor der großen Ungarnschlacht auf dem Lechfeld, eines seligen Todes. Sein hühnenhafter Leib brauchte einen Sarg von neun Fuß Länge, als er in der Kirche beigesetzt wurde, die heute noch nach ihm den Namen führt: Grafrath.
Die Heiltümer aber gelangten später nach Andechs, haben sich zum Teil bis heute erhalten und werden dort immer noch verehrt.

Der Andechser Reliquienschatz und eine Kirchenmaus

Es ist schwer zu sagen, wer Schuld daran wäre, wenn es heute keine Wallfahrten mehr zu den Andechser Reliquien auf dem Heiligen Berg gäbe: die Grafen von Dießen und Andechs oder die Wittelsbacher oder eine arme Kirchenmaus. Die Maus wohl am allerwenigsten; denn sie war in jenen unruhigen Zeiten nach 1208 noch nicht auf der Welt. Die beiden mächtigen Grafengeschlechter der Andechser und der Wittelsbacher hingegen rauften sich um die Vorherrschaft in Bayern. Dabei ging es nicht zimperlich zu; Dörfer wurden niedergebrannt, Burgen zerstört und Reliquien geraubt. Der unvorstellbar große und wertvolle Reliquienschatz, den die Grafen von Andechs in ihrer Burgkapelle verwahrten, wäre das letzte gewesen, was sie den Wittelsbachern gegönnt hätten. Darum war er unauffindbar verschwunden, als die Wittelsbacher die Burg einnehmen konnten.

Sie zerstörten die Burg, aber von all den Heiltümern, von den unverweslichen Hostien, den Rutenstücken, mit denen der Herr Jesus geschlagen worden war, von seinem halben Schweißtuch, von den Stoffstücklein des Abendmahltischtuches und seinem Rock, vom Holz der Krippe, von den Palmen, die beim Einzug nach Jerusalem gestreut worden waren, von der Krume aus den fünf Gerstenbroten, die bei der wunderbaren Brotvermehrung übriggeblieben war, vom Siegkreuz Karls des Großen, von den Haaren der Jungfrau Maria, von den Gebeinen der Heiligen Petrus, Paulus, Andreas

und vieler anderer, vom Arm des unschuldigen bethlehemitischen Kindleins, von all den Schätzen, die in die Hunderte zählten, die alle von frommen Andechser Grafen mitgebracht worden waren, wenn sie von Pilgerfahrten oder Kriegszügen ins Heilige Land, nach Byzanz oder Rom zurückkehrten, von all diesen Schätzen fanden die Wittelsbacher nichts.
Der Wert solcher Reliquien war unvorstellbar. In die Burgkapelle waren Wallfahrer zu Hunderten und zu Tausenden geströmt. Korn und Früchte, Wolle und Flachs, Honig und Wachs, Silber und Gold brachten sie als Opfergaben mit. Sie lösten vor den Heiligtümern Gelübde ein, wurden von Sünden losgesprochen, durften auf die Heilung von Krankheiten hoffen und auf einen gnädigen Tod; sie nahmen Trost mit heim in ihre Hütten und Dörfer.
Nach der Erstürmung wurde die Burg zerstört. In der wiedererbauten Burgkapelle übten Kapläne ihr Amt aus, das wohl mehr dem von Eremiten glich als dem von Wallfahrtspriestern.
Einer der Kapläne, der Jakobus Dachauer, zelebrierte an einem Maitag des Jahres 1388 die heilige Messe in dieser Andechser Kapelle. Es mag damals gar nicht so selten vorgekommen sein, daß dabei eine Kirchenmaus über die Altarstufen huschte. Aber an jenem Maitag war es etwas besonderes: Die Maus hatte einen Zettel mitgebracht, den ließ sie auf der Altarstufe liegen, ehe sie wieder verschwand. Als der Kaplan den Zettel aufhob, hatte er ein winziges Stücklein des Heiltumverzeichnisses in der Hand. Er meldete den Fund sogleich an den herzoglichen Hof nach München.
Die beiden Herzöge Stephan von Bayern-Ingolstadt und Friedrich von Bayern-Landshut erfaßten die Bedeutung dieses Zettels sofort. Am 26. Mai 1388 – 180 Jahre nachdem sich ihr Geschlecht gegen die Andechser Grafen durchgesetzt hatte – kamen sie zur Burgkapelle. In ihrer Gegenwart begannen die Grabungen. Eine große, eisenbeschlagene Kiste kam ans Licht. Sie enthielt den oberen Teil des Gürtels Mariens, ein von Lukas gemaltes Bild der Gottesmutter, das Marterbild, das zur Erinnerung an ein verlorenes Stück Kreuzholz gemacht worden war, einen großen Zweig aus der Dornenkrone, das kupferne Siegkreuz von Karl dem Großen, das Purpurkleid der Mutter Elisabeth und das unverweste heilige Sakrament.

Zunächst einmal kamen all diese Reliquien in die herzogliche Hofkapelle nach München. Anläßlich des Jubiläumsablasses, der 1392 in München zu gewinnen war, wurde er nach den Angaben des Chronisten Arnpeck wöchentlich von 60000 Pilgern besucht.
Wann der Reliquienschatz wieder nach Andechs zurückgekommen ist, läßt sich nicht mehr mit Sicherheit feststellen. 1455 dürfte er jedenfalls schon dortgewesen sein, sonst wären in der Auffahrtswoche, der Woche um Christi Himmelfahrt, nicht 40000 Pilger auf die Anhöhe gekommen, die um diese Zeit schon „der Heilige Berg" hieß.
Wenn nicht die Kirchenmaus gewesen wäre . . .

Der beinahe selige Leipold von Breitbrunn

Das muß so gewesen sein, daß da eines schönen Tages ein Ochsenwagen in das Ammerseedorf Breitbrunn gekommen ist. Wer ihn gesehen hat, muß sich gewundert haben; es war nämlich kein Fuhrmann dabei. Die Ochsen wußten anscheinend den Weg allein, zogen ihren Wagen vor den Friedhofseingang und blieben dort stehen wie angewurzelt. Ein paar Neugierige kamen zum Schauen, fanden auf dem Wagen einen toten Eremiten liegen, schön ordentlich auf Stroh gebettet und mit einem Kreuz in den gefalteten Händen. Zu

seinen Häupten lag ein großmächtiger Brotlaib. Also holte man den Pfarrer. Der fand bei dem Toten einen Brief, in dem stand geschrieben: Ich bin der Einsiedler Leipold von Ellwang aus dem Geschlecht der Grafen von Dießen und Andechs. Wo die Ochsen stehenbleiben, dort will ich begraben sein. Das Brot soll man an die Hungernden verteilen.
So kam – wenigstens nach der Legende – der Leichnam des Einsiedlers Leipold im Friedhof Breitbrunn auf wundersame Weise zu seinem Grab.
Bald setzte seine Verehrung ein; um das tägliche Brot und einen fruchtbaren Acker betete man an seinem Grab. Während des ganzen Mittelalters sind seine Hilfen bezeugt; allerdings kam man nur aus dem Dorf selber oder der näheren Umgebung zu ihm. Anscheinend urplötzlich setzte dann mitten im Dreißigjährigen Krieg ein großes Wallfahren nach Breitbrunn ein. Das war weder den umliegenden Wallfahrtsorten recht noch dem Bischof billig: Man hatte dort den Heiligen nicht im Kalender! Weil man aber in dieser wallfahrtsfreudigen Zeit nicht einfach hergehen und verbieten konnte, schickte man 1642 den Generalvikar Zeiller zu einer Visitation nach Breitbrunn, die aber weder zu einer offiziellen Anerkennung noch zu einem Verbot führte. Dafür aber zu einem gewaltigen Anwachsen der Wallfahrten bis zum Ende des Dreißigjährigen Krieges. Vielleicht, weil man sich gesagt hat: Wenn sich schon das Ordinariat drum kümmert, muß ja was dran sein, am heiligen Leipold, der nicht einmal seliggesprochen war.
Wohl um endlich die kirchliche Anerkennung für seinen Ort als Wallfahrtsstätte herbeizuführen, ersuchte Pfarrer Johann Martin Faber beim Augsburger Ordinariat um die Graböffnung. 1739 erschien die Kommission; der Pollinger Augustiner-Chorherr Petrus Gries war als päpstlicher Protonotar bestellt, der Prälat von Dießen und zwei weitere Pfarrer achteten darauf, wie das Grab von zwei jungen Priestern ausgehoben wurde. Aber das Grab gab keinen Fund her. Kein Anzeichen, nichts; nicht einmal Knochenteile, als man anfing, die Erde zu sieben. Und der brave Mesner Kirndorfer mußte das Geständnis zu Protokoll geben, daß er nach jeder Wallfahrt mit einer Schaufel die fehlende Erde wieder nachgefüllt hatte.
Warum ich's dann erzähle, wenn allem Anschein nach gar nichts war?

Nun, es könnte ja sein, daß jemand einmal das Kuppelgemälde in der Dießener Klosterkirche anschaut, jenes Bild, das „Dießener Himmel“ genannt wird, weil es alle 28 Heiligen und Seligen zeigt, die aus dem Grafengeschlecht derer von Dießen und Andechs hervorgegangen sind. Dort nämlich sitzt er, als seliger Leipold von Breitbrunn zusammen mit den 27 anderen, die kirchliche Anerkennung gefunden haben.
Die Dießener Stiftskirche ist im gleichen Jahr eingeweiht worden, in dem man zu Breitbrunn das Grab geöffnet hat: 1739. Und wie er so da drobensitzt, neben seiner Mutter, der seligen Justitia, meint man fast, ein wenig Dankbarkeit darüber in seinem Gesicht zu erkennen, daß man mit der Graböffnung wenigstens so lange gewartet hatte, bis dieses Gemälde fertig war.

Das heilige Kreuz von Polling

Als Herzog Tassilo mit großem Gefolge im Ammertal jagte, spürten die Hunde eine Hirschkuh auf und verfolgten sie über eine weite Strecke. Unvermittelt blieb das Tier auf einer Lichtung stehen, scharrte am Boden und ließ sich weder vom Gekläff der Hunde noch vom Hörnerschall der Jäger abhalten. Als der Herzog an die Stelle kam, gebot er der Jagd sofort Einhalt. Er ließ die Hunde an die Leine nehmen und die Hirschkuh in Frieden abziehen. Kaum hatte man begonnen, nachzugraben, so kam ein großes hölzernes Kreuz ans Licht.
Das ganze Geschehen deutete Herzog Tassilo als ein Zeichen vom Himmel. Er gelobte, auf diesem Platz ein Kloster zu gründen. Dies geschah nach der Legende im Jahre 750.
Das gefundene Kreuz war immer Mittelpunkt der Verehrung, der Anbetung und der Wallfahrten. Im Mittelalter wurde es mit einer gewachsenen Tierhaut überzogen. So steht es heute im Hochaltar der ehemaligen Augustiner-Chorherren-Stiftskirche zu Polling.

Die drei Quellen zu Wessobrunn

Herzog Tassilo hielt sich in den weiten Waldgebieten zwischen der Ammer und dem Lech auf, um mit seinen Freunden zu jagen. Nachts, in seinem Zelt, hatte er einen Traum.
Aus dem Boden sprudelten drei Quellen und flossen so zusammen, daß die Rinnsale die Form eines Kreuzes bildeten. Aus diesem Wasser ragte eine goldene Leiter bis in den Himmel hinein; daran kamen Engel herniedergestiegen, schöpften Wasser und trugen es empor, bis dort hinauf, wo oben an der Leiter Petrus stand, mit seinem Himmelsschlüssel und die Quellen segnete.
Vom Traum erwacht, berichtete Herzog Tassilo seinem Begleiter Wesso den Traum. Wesso machte sich am Morgen auf, fand die Quellen und zeigte sie seinem Herzog.

Tassilo berief Benediktinermönche von Tegernsee und ließ bei den Quellen ein Kloster errichten, das dem heiligen Petrus geweiht und zu Ehren des Finders der Quellen Wessobrunn genannt wurde. Er stattete es mit reichen Ländereien zwischen Ammer und Lech aus. Die Quellen sind in Brunnen gefaßt und in einer Bogenhalle zu finden, die nach einem Entwurf von Joseph Schmuzer errichtet wurde. An der Stelle, wo Tassilo den Traum hatte, steht die uralte Tassilolinde.

Das Ulrichsbrünnlein in Paterzell

Wie der heilige Bischof Ulrich im Jahre 983 zum zweitenmal von Augsburg nach Rom gepilgert ist, da kam er auch durch Wessobrunn, wo das Kloster noch von den Ungarnkriegen her recht im Argen lag. Um auf die alte Römerstraße zu kommen, durchwanderte er die Schlittbachschlucht und den Eibenwald und kam dann an den Hang, auf dem heute Paterzell liegt.
Es war ein sehr heißer Tag, und den Bischof, der schon in hohem Alter stand, plagte der Durst gar sehr. Weil er aber keine Quelle sah, aus der er trinken wollte, denn seine Augen waren sehr trüb, machte er mit seinem Stab ein Kreuzzeichen auf den Boden. Und siehe da, schon sah er frisches klares Wasser aus der Erde sprudeln. Er stillte daraus seinen Durst und erquickte seine müden Augen, mit denen er von Stund an wieder besser sehen konnte.
An der Stelle baute sich der fromme Balthasar eine Klause, labte die Reisenden, die des Weges zogen und konnte mit dem Wasser vielen Menschen helfen, deren Augen müde und schwach geworden waren. Von diesem Balthasar, den man Balter nannte, soll Paterzell seinen Namen haben. Später wurde an der Straße die Ulrichskapelle erbaut.

Der selige Abt Walto von Wessobrunn

Als der Benediktinerpater Walto 1127 Abt des Wessobrunner Klosters wurde, war die Nonne Diemut gerade ein paar Jahre tot. Das Frauenkloster bestand noch und zog sich nördlich vom romanischen Münster bis an die eben erbaute Pfarrkirche hin.
Walto regierte seine Abtei in einer sehr baufreudigen Zeit. Vier Kapellen konnte er weihen lassen: eine Jakobs- und eine Michaelskapelle am Andreastag 1134 durch den Augsburger Bischof Embriko; eine Nikolaikapelle und die Maria-Himmelfahrts-Kapelle weihte Bischof Otto von Freising im Jahre 1143.
Die Legende, die am weitesten verbreitet ist erzählt, daß eines Tages im Kloster Wessobrunn kein Meßwein mehr vorhanden war.

Abt Walto aber vollbrachte das Wunder, am Kreuzaltar aus Wasser Wein werden zu lassen.
Schon zu Lebzeiten wie ein Heiliger verehrt, ist Abt Walto am 27. Dezember 1157 gestorben. Seinem Wunsch entsprechend wurde er in der Nikolaikapelle bestattet. Sein Hochgrab wurde mit einem eisernen Gitter umgeben, das acht Lichtträger hatte, die bis in die Zeit des Barockumbaus mit immerbrennenden Lichtern versorgt wurden. Keine von Waltos Kapellen hat die große Klosterumgestaltung im Barock überdauert.

Der Arm des heiligen Martinus zu Bernried

Das Geschlecht der Grafen von Vallay war am Starnberger See reich begütert und stand bei Kaisern und Königen in hohem Ansehen. So auch Graf Otto, den der König mit einem großen Heer nach Sizilien schickte, damit er den dortigen Heidenfürsten besiege und das Land wieder für das Christentum gewinne.
Otto setzte mit seinem Heer auf die Insel über, brach den Widerstand aller Städte, vernichtete das heidnische Heer und nahm schließlich den Fürtsen samt seiner Familie gefangen. Er verliebte sich in die Fürstentochter, die sich alsbald zum Christentum bekehren ließ, die heilige Taufe empfing und den Namen Adelhaid annahm. Noch in Sizilien wurde sie Ottos Gemahlin.
Als strahlender Sieger kehrte Otto heim. In seiner Freude darüber, daß Sizilien besiegt und dem Christentum wiedergewonnen war, stellte der König seinem Feldherrn Otto einen Wunsch frei. Dieser wollte sich für den glücklichen Ausgang seines Kriegszuges dankbar zeigen gegen Gott und ein Kloster gründen. Dafür wünschte er sich vom König eine Reliquie.
Über diesen Wunsch war der König sehr angetan und schenkte dem Grafen die kostbarste Reliquie, die ihm zur Verfügung stand: den Arm des heiligen Martinus, der ja auch ein ruhmreicher Soldat gewesen war und darüber nicht vergessen hatte, Gott zu dienen.
In Bernried, nahe bei seinem Schloß Zeismering, erbaute Otto das Kloster und begabte es mit reichem Besitz aus seinen Gütern. Der

Bischof von Augsburg ordnete dahin Regularkanoniker des hl. Augustinus ab. Sigeboto, der vorher Pfarrer in Epfach war, wurde von Otto als erster Propst zum Leiter des Stiftes berufen. Die Reliquie des hl. Martinus fand alsbald große Verehrung.
Graf Otto von Vallay und seine Gemahlin Adelhaid fanden nach ihrem Tode im Kloster Bernried ihre letzten Ruhestätten. Ihre Nachkommen wirkten lange Zeit als Schirmvögte zum Schutze des Stiftes.

Die selige Herluka von Bernried

Das Geburtsjahr von Herluka wissen wir nicht. Sie wird wohl um 1070 im Schwäbischen auf die Welt gekommen sein, eher etliche Zeit früher als später. Der Kanoniker Paulus hat sie erst spät in Epfach kennengelernt und danach ihre Lebensgeschichte aufgeschrieben; die Geburtszeit einer Seligen schien ihm nicht von Bedeutung zu sein.

Dagegen erzählt er, daß Herluka als junges Mädchen den Freuden der Welt allzusehr zugetan war; ja, sie trieb die Unmäßigkeit so arg, daß ihr der Herrgott eine schwere Krankheit schickte. Sie besann sich auch eines Besseren, als sie beinahe hoffnungslos darniederlag. Wie es aber oft so geht: Kaum war sie wieder gesund und bei Kräften, waren die guten Vorsätze schnell vergessen, und sie trieb ihr lasterhaftes Sündenleben ärger als vorher. Erst als sie in einer neuerlichen Krankheit erblindete, ging sie ernsthaft in sich und gelobte, von Stund an ihr Leben Gott zu weihen und, falls ihr das Augenlicht wieder geschenkt werden sollte, all ihr Tun und Trachten nur noch der Nächstenliebe zu widmen.

Der Teufel versuchte auch an der Blinden noch seine Macht: Als sich Herluka den Weg ertastete, der sie in die Kirche bringen sollte, stieß sie der Böse in den Mühlbach, um sie glauben zu machen, der Heiland wolle sie gar nicht mehr in seiner Kirche haben. Aber Herluka ließ sich vom Weg der Buße nicht mehr abbringen. Sie rief den heiligen Cyriakus an, der die Kaisertochter Artemia einst vom Teufel befreit hatte. Herluka wurde nicht nur aus dem Wasser errettet sondern auch wieder sehend, wenn auch nur auf einem Auge.

Um nun an den Armen und Elenden Barmherzigkeit zu üben, begab sich Herluka zu der frommen Gräfin Adelheid nach Dillingen, die dort viel Gutes tat an totkranken Menschen, denen sonst niemand geholfen hätte.

Einmal reiste Adelheid nach Epfach um am Grab des heiligen Wikterp zu beten. Sie nahm ihre Helferin Herluka mit, die, im Gebet versunken, eine Stimme hörte, mit der ihr geboten wurde, in Epfach zu bleiben. 36 Jahre lang lebte Herluka in diesem Ort an der großen Pilgerstraße, welche die Bischofstadt Augsburg mit der Heiligen Stadt Rom verbindet. Sie pflegte Pilger, die auf der Reise erkrankt waren, heilte die Wunden derer, die von Räubern und Wegelagerern überfallen worden waren und nahm sich der Kinder an, denen eine grausame Seuche ihre Eltern hinweggenommen hatte.

Lange Zeit trugen Rotelboten Briefe zwischen Epfach und Wessobrunn hin und her; Herluka schrieb sich mit der Nonne Diemut, die sich in dem Benediktinerkloster einmauern hatte lassen und in ihrer Zelle kostbare Bücher schrieb. In ihren Briefen bestärkten sich die frommen Frauen in ihrem Glauben, ermunterten sich zur Liebe an Gott und den Menschen und erfrischten sich im Gebet füreinander.

Herluka hatte in Epfach eine Schülerin, Jutta, die schließlich zu Diemut nach Wessobrunn ging, dort gleichfalls Bücher schrieb und eines seligen Todes starb. Jutta schrieb über ihre Lehrerin: Herluka ist eine Meisterin des Gebetes, der mystischen Versenkung und der Nächstenliebe gewesen.

Der Kanoniker Paulus wird es wohl gewesen sein, der Herluka in das 1120 gegründete Augustiner-Chorherren-Stift Bernried brachte. Als sie dort starb, setzte alsbald eine große Verehrung an ihrem Grabe ein; so durfte Herluka auch nach ihrem leiblichen Tod noch vielen Kranken und Elenden helfen.

Der 18. April 1127 gilt als ihr Todestag. Als Propst Johannes Riedl, ein geborener Raistinger, nach dem Dreißigjährigen Krieg das Kloster Bernried umbauen und glanzvoll erneuern ließ, wurden die Gebeine der seligen Herluka wiedergefunden und im Presbyterium der neuen Stiftskirche beigesetzt. Ein Kreuz auf dem Pflaster bezeichnet den Ort ihrer Gruft.

Das Ettaler Gnadenbild

Nachdem König Ludwig der Bayer trotz des päpstlichen Bannes nach Italien gezogen war, wurde er 1327 zum König von Mailand gekrönt und im Jahr darauf in Rom zum Kaiser des Heiligen Römischen Reiches Deutscher Nation. Dann freilich verließ ihn zuerst das Kriegsglück und bald darauf auch mancher von denen, die er für seine Getreuen gehalten hatte. Im Frühjahr 1329 war er zudem in solche Geldnot geraten, daß er nicht mehr wußte, womit er sein Heer besolden und seine Macht erhalten sollte.
In dieser Bedrängnis machte er vor der marmornen Marienstatuette auf dem Altar der Klosterkapelle von San Vittorio bei Mailand das Gelübde, er wolle alsbald ein Heiligtum zu Ehren der heiligen Jungfrau stiften, wenn er heil am Leben und unangefochten in sei-

ner kaiserlichen Macht sein angestammtes Herzogtum Baiern erreichen könnte.
Am nämlichen Abend kam ein grauer Mönch zu Ludwig. Der Zisterzienser wies sich als Unterhändler aus, gesandt von dem steinreichen Azzo Visconti. Er brachte einen Handel zustande, nachdem Ludwig als König von Mailand den Azzo gegen die unvorstellbare Summe von 152000 Florint mit dem Vikariat von Mailand belehnte. Damit waren alle Geldnöte des Kaisers behoben. Der Herrscher stattete seinen Dank wiederum vor der Madonna in der Klosterkapelle ab. Als Abschiedsgeschenk verehrte der Prior seinem hohen Gast die steinerne Statuette.
Ohne viel Widrigkeiten konnte Ludwig noch ein Jahr in Italien verweilen. Sodann überquerte er die Alpen, kam über den Fernpaß und durchs Werdenfelser Land wohl ans Steinerne Brückl bei Oberau, wo die Südgrenze seines Herzogtums verlief. Nachdem er die steile Straße den Kienberg hinaufgezogen war, stand er an dem Platz, an dem er sein Gelübde von San Vittorio erfüllen konnte. Er legte den Grundstein „got ze lob und unser frawen ze ern“ im Jahre 1330 und nannte „der kaiser daz selbe closter Etal“. das marmornc Madonnenbild wurde zum groß verehrten Heiligtum und zum Ziel unzählbarer Wallfahrer. Mehrmals wurde es vor der wilden Soldateska in Sicherheit gebracht: 1646, im Dreißigjährigen Krieg nach Mittenwald und Innsbruck, im Spanischen Erbfolgekrieg 1703 nach Schongau und München und 1704 nach Freising.
Merkwürdigerweise taten dem Gnadenbild nicht die Krieger Schaden an sondern die Wallfahrer; und das kam, wie 1764 festgestellt wurde so: „Dannhero bey vielen der irrige Wahn entstanden, daß, wenn einem in dem Halten oder Aufheben die Ettalische Frau Stifterin schwer vorkommt, dieses ein Anzeichen seye, man befinde sich nicht im Stande der Gnaden. Diese grundfalsche Meynung hat ihren Ursprung in einer abergläubischen übertriebenen Andacht.“
Dieses „Heben“ ging nicht immer gut. Es gibt mehrere Berichte darüber, daß Pilger die Figur fallen ließen, darum ist es kein Wunder, wenn 1803 der Klosteraufhebungskommissär feststellen mußte, das Gnadenbild sei sehr beschädigt. 1839 mußte es auf Veranlassung der Regierung verankert werden; aber ein Jahr drauf probierte es eine Frau trotzdem mit aller Gewalt, was wieder einiges zu

Bruch gehen ließ. In den achtziger Jahren des 19. Jahrhunderts wurde es in München restauriert.
Heute steht es am Hochaltar. Als Ziel für Wallfahrer?
Schon 1968 hatte Abt Karl gesagt: „Es ist ja so, daß Ettal von vielen Menschen besucht wird, die oft an nichts anderes denken, als an die Kunstschätze, die dieses Bauwerk umschließt. Sie vergessen allzu oft, daß es ein Tempel, ein Haus Gottes ist, ein Haus der allerseligsten Jungfrau Maria, deren hochgebenedeites Gnadenbild uns vom Hochaltar her grüßt."

(Historische Daten und Zitate aus Festschrift zum 600-jährigen Weihejubiläum der Ettaler Klosterkirche und Festschrift Ettal 1980.)

Der gegeißelte Heiland in der Wies

Wenn einer meint, daß unser Herrgott bloß am Schönsten sein Wohlgefallen haben könnte, der sollte in die Wies gehen – nicht wegen des Rokokowunders der Brüder Zimmermann sondern zum Gnadenbild des gegeißelten Heilandes.
Was den Pater Magnus Straub und den Bruder Lukas Schwaiger des

Prämonstratenserklosters Steingaden bewogen hatte, allerlei Stükke von alten Holzfiguren zusammenzusuchen um daraus dieses *Bildnus* zu machen, werden wir nicht mehr ergründen können. Es sah jedenfalls so aus, daß es der kunstsinnige Abt Hyazinth Gaßner für alles andere halten mußte als für ein Kunstwerk. In der höchsten Blüte des Barock, als das Nachbarstift Rottenbuch schon angefangen hatte, seine Kirche umzugestalten, als die Weilheimer Philipp Dirr in Freising und Jörg Petel in Augsburg längst alle Feinheiten modellieren konnten, als der Anton Sturm aus dem benachbarten Füssen schon seine Werke schuf, was sollte in dieser Zeit ein solches Machwerk mit plumpem Körper und kaum ausgeformten Gliedmaßen? Mochten die Wunden, Striemen und Blutspritzer auf dem ganzen Körper noch so sehr nach Mitleid schreien, die Leinwandstücke, um Hüften und Gelenke geschlungen, konnten nicht verdecken, daß darunter kein Kunstwerk war! Wenn dieser *gegeißelte Heiland* trotzdem in Prozessionen mitgeführt wurde, es war für Pater Magnus und Bruder Lukas nur ein kurzer Erfolg: Nach drei Jahren landete die Figur beim Wirt auf dem Dachboden.
Dort wäre sie wahrscheinlich geblieben, wenn nicht die Gevatterin des Wirts, die Wieshofbäuerin Maria Lory *das Herrele* mitgenommen hätte, damit man draußen, in der Wies, auch was hätte, wovor man seine Andacht verrichten konnte. Und dort geschah am Abend vor dem Sankt Veitstag 1738 *das Wunder in der Wies:* Während alles bei der Abendandacht vor dem gegeißelten Heiland kniete, standen Tränen im Gesicht der Figur.

Die Kunde davon verbreitete sich wie ein Lauffeuer. Wallfahrer kamen, zuerst in Gruppen aus der Klosterhofmark, bald aus dem ganzen Gebiet baierwärts und schwabseits des Lech und schließlich sogar aus Böhmen und Ungarn und allen Landen des Heiligen Römischen Reiches. Vor der kleinen Kapelle, die man alsbald errichtet hatte, mußten die Pilger oft stundenlang warten, bis sie hinein konnten und das Gnadenbild sehen. Hitzige Krankheit und verwirrter Geist, Taubheit und Kopfschmerzen, lahme Glieder und eiternde Wunden, Leibschaden und Kindsnöte, die ansteckende Sucht und unleidliche Schmerzen, Kindsblattern und erblindete Augen, gebrochene Knochen und erfrorene Füße – es gibt kaum ein

Leiden, das nicht im Mirakelbuch der ersten Jahre aufgezeichnet worden wäre.
Der gleiche Abt Hyazinth Gaßner, der in seinen ersten Prälatenjahren das *Bildnus* nicht für würdig befunden hatte in Prozessionen mitgeführt und gezeigt zu werden, mußte sich gegen Ende seiner Zeit dem Drängen des Volkes und den offensichtlich geschehenen Wundern beugen. Er begann den Bau einer großen Wallfahrtskirche in der Wies zu planen. Die Grundsteinlegung am 10. Juli 1746 erlebte er nicht mehr. Im Alter von 52 Jahren war er im Jahr vorher gestorben.
Wenn einer meint, daß unser Herrgott nicht auch am Schönsten sein Wohlgefallen haben könnte, der sollte in die Wies gehen – nicht wegen des Gnadenbildes vom gegeißelten Heiland sondern zu dem Rokokowunder der Brüder Zimmermann.
Wer aber das Schöne mit dem Glauben verbinden kann, der gehe in die Wies, dort kann er beides finden.

Die Viehseuche anno 1759 in Weilheim

So hat es der Bürger Johann Caspar Lindtner in seinem Merkbuch aufgezeichnet:
Anno 1759, den 10. Julius, haben wür in allhiesiger Statt Weilhamb die Fichsucht erspiret, welche in den umbligenden Oerdern zimlich scharff grassieret hat, nemlich zu Roth, Abffeldorff in der Pfarr; so haben die Zueflucht gnomen bey den Hl. Antoni zu Weilhamb, bey den PP. Franzißganern und bey S. Anna zu S. Pöltn wie auch bey S. Lenhard auf den Forst; den Donnerstag hat man ein Rathtag gehalten.
Und hat diß Gelibt versprochen, das 2 Rindfich, einß auß der undern Statt und einß in der obern und ain Roß Gott den Almechtigen sollt aufgeobferdt werden; man hat versprochen, welches voran von der Weid nach Hauß geht, diß soll man schetzen und alle verlobte Creutzgeng und Hl. Messen mit dissen Gelt bezallen.
In der unteren Statt die Kue von Gerichschreiber auf 17 fl. geschetzt worden und in der obern Statt von Veith Hirschauer Miller auf 16 fl. geschetzt worden. Und das Roß ein Grauschiml ist vo Aberhamb Streicher Wittib 60 fl. geschetzet ist zusammen 93 fl.
Hernach ist man mit den Creutz mit den Hochwirdtigen Guet zu Roß und Fich auf die Ammer hinauß gangen und 4 Efangeli gehalten, den andern Tag ist man bey S. Bölten in die Obere Statt mit den Hochwirdtigen Guet hinauf gangen und bei den Fich 4 Efangeli gehalten und den Montag darauf ist man mit dem Kreutz auf den Forß (Forst) zu Lenhard gangen und es seind sonst vill Hl. Mesen gelessen worden und seins glichlich befreuet worden.
Sey Gott und seinen Heiligen Eewigen Danckh gesagt.

Die Kapelle zu Mundraching

Im Jahre 1619 war dem Mundrachinger Bürger Berchtold die Muttergottes im Traum erschienen. Sie hatte ihn aufgefordert, am Lechufer nach einem großen Stein zu suchen, den er mit seinen Leibeskräften gerade noch aufheben konnte und ihn gegen das Dorf zu so weit zu schleppen, bis er's nicht mehr vermöchte. Dort möge er dann eine Kapelle bauen lassen, damit die Pilger, die von Schwaben herüber nach Vilgertshofen wollten, gleich nach Betreten des bayerischen Bodens ausruhen und sie, die heilige Jungfrau, begrüßen könnten.
Berchtold machte sich am Morgen auf, ging zum nahen Lech hinunter fand aber nur Steine, die entweder zu leicht waren oder solche, die er gar nicht lupfen konnte. Also hielt er bald nicht mehr viel von seinem Traum und begann, ihn zu vergessen.
Da erschien ihm aber Maria ein zweitesmal im Traum mit der gleichen Aufforderung. Diesmal fand Berchtold den geeigneten Stein, schleppte ihn bis auf eine kleine Anhöhe und ließ dort eine Kapelle bauen, die recht weit vom heutigen Flußlauf weg ist; damals wird das weite Kiesbett bis nahe an den Hügel gereicht haben.
Wer von Lechmühlen her – wo Johann Baptist Baader geboren ist, dieses Geburtsortes wegen Lechhansl genannt – der sieht die Kapelle auf einer kleinen Anhöhe vor dem Dorf Mundraching stehen. Von dort ist's zu Fuß keine Stunde mehr bis zu der herrlichen Wallfahrtskirche Vilgertshofen.

Die wundersamen Eier zu Maria Aich in Peißenberg

Es waren einfache Bauern, die ihren Hof seit Generationen auf dem Aichanger bei dem Dorf Unterpeißenberg hatten, dort, wo der Weg nach Oderding vorbeiführte. Das besondere in dem Haus war ein „Bildnus“, eine geschnitzte Marienfigur mit einem Strahlenkranz um das Haupt. Davor knieten die Liebhard – so hießen sie, die auf dem Hof saßen – nach landläufigem Brauch nieder, wenn sie den Rosenkranz beteten, auch bei drohenden Gewittern oder wenn Feinde ins Land kamen und auch dann, wenn es im Stall nicht so war, wie es hätte sein sollen.
So war es gewesen seit jener spätgotischen Zeit, in die man heute das Bildnus hineindatiert, und so war es geblieben bis in den Dreißigjährigen Krieg hinein, als Seuchenangst und Pestgefahr in den Pfaffenwinkel hereindrohten, bevor noch die Schweden ins Land gekommen waren. In einer solchen Zeit suchten die Leute mehr als sonst aneinander Halt und Trost. Sie kamen nicht bloß in den Kirchen zum Beten zusammen. So war es in dieser unruhigen Zeit zur Gewohnheit geworden, daß sich die Nachbarschaft in der Wohnstube des Hofes auf dem Aichanger traf um vor dem Bildnus zu beten und der Muttergottes seine Anliegen vorzubringen. Und weil so manche Bitte erhört und so mancher Not abgeholfen worden war, redete es sich herum, im Dorf und in den Weilern der Umgebung, die da zu Dutzenden verstreut lagen. Es kamen mehr und immer mehr, und waren im Jahre 1628 so viele geworden, daß schier das Bauernhaus zu eng geworden ist.
Dem Matthias und der Anna Liebhard, die damals auf dem Hof saßen, war es wohl lieb und recht. Aber sie meinten, wenn sie schon eine so gnadenvolle Figur besaßen, dann sollte die nicht bei ihnen in der Wohnstube bleiben. Für so ein Gnadenbild wäre es schon recht und billig, wenn es eine würdigere Wohnung bekäme. So kamen sie eben in diesem Jahr auf den Gedanken, eine Kapelle zu bauen. Dies schien auch ganz unumgänglich zu sein, weil man schon bis von Weilheim und Schongau kam, bis vom Staffelsee und aus dem Fuchstal, um sich der Maria auf dem Aich anzuvertrauen.

Nun konnte auch damals nicht einfach jemand hergehen und eine Kapelle bauen. Da war der Prälat von Polling, dessen Chorherren den Dienst in der Unterpeißenberger Pfarrei versahen. Es gab den Pfleger zu Rauhenlechsberg, in dessen Herrschaft Unterpeißenberg lag. Und schließlich mußte die Erlaubnis des Bischofs von Augsburg eingeholt werden. Drei Jahre dauerte es, bis die Liebhard ihren Nachbarn zum Baubeginn einsagen konnten.
Kaum hatte man angefangen, den Grund auszuheben, da *gab der Himmel alsogleich durch untrügliche Wunder an den Tag, wie lieb solches Vorhaben Gott und seiner jungfräulichen Mutter sein müsse,* kündet der Chronist. Von diesem Tag an legten die Hennen der Bauersleute lauter Eier, die mit einem Strahlenkranz gezeichnet waren, grad so wie ihn das Marienbild trug. Und das die ganze Zeit über bis auf jenen Freitag nach dem Fest des hl. Martin (das ist der 21. November gewesen) im Jahre 1631, an dem der Bischof von Augsburg kam und die Kapelle weihte.
Der wundersamen Eier wegen hatte schon vorher ein lebhaftes Wallfahren eingesetzt. Mit ihrem Raum für knapp sechzig Leute war die Kapelle schon zu klein, bevor sie ganz fertig war. Trotzdem mußte man sich damit ein ganzes Jahrhundert lang begnügen, bis Propst Albert Oswald des Pollinger Augustiner-Chorherren-Stiftes vom Churfürsten die Erlaubnis einholte, an Stelle der Kapelle die Wallfahrtskirche Maria Aich erbauen zu dürfen.

Die Pläne stammen wohl von dem Wessobrunner Baumeister Joseph Schmuzer. Die Fresken malte der große Augsburger Meister Matthäus Günther. In Tritschengreuth, einem Weiler kaum eine Wegstunde von Maria Aich entfernt ist er geboren und in Haid bei Wessobrunn ist er gestorben. Wer Maria Aich besucht, sollte nicht nur die Deckengemälde bewundern. Er sollte auch dem „Bildnus" ein paar Gedanken widmen und die liebenswerte Votivtafel suchen, auf der die Madonna mit dem Strahlenkranz über dem Dorf Unterpeißenberg schwebt. Im Vordergrund liegt schon die Baugrube offen, Balken und Steine liegen bereit. In festlicher Tracht steht das Bauernpaar Liebhard daneben. Das Bild trägt die Unterschrift:

Wohnhaus

der Bauerseheleute Matthäus und Anna Liebhard von Unterpeißenberg. Im Jahre 1631 legen sie das Grundgemäuer zu dieser Marienkirche, und zeigen die ihnen gewordenen, hell glänzenden Hühnereier, um zur Mithilfe beim Aufbaue dieser Marienkirche ihre Gemeindegenoßen zu ermuntern. Renov. 1866.

Der Sankt-Magnus-Stab und die Mäuse

Der heilige Magnus hat zwar zu seinen Lebzeiten nicht im Pfaffenwinkel wirken können, weil er alle Hände voll zu tun hatte, um unsere lieben Nachbarn, die widerspenstigen Allgäuer zu bekehren, aber trotzdem . . .

Trotzdem gehört es sich, daß hier von ihm erzählt wird. Erstens ist es wirklich nur ein Katzensprung hinüber, zweitens gehört der südwestliche Pfaffenwinkel, so um Steingaden herum, noch so halbwegs zum Allgäu, und drittens hat der Heilige nach seinem Tod, der um das Jahr 756 gewesen sein mag, endlich auch Zeit gefunden, bei uns herüben wunderkräftig zu wirken. Und irgendwie ist es bezeichnend, daß er's schwabseits des Lech mit gar schrecklichen Ungeheuern zu tun hatte, bei uns aber bloß mit schreckhaften Mäuslein.

Es war nämlich so: Als der Eremit Magnus um das Jahr 730 berufen wurde, seine Klause beim Grab des heiligen Gallus in der Schweiz zu verlassen und zum Apostel der Allgäuer zu werden, da stellte sich ihm allerlei Ungetier in den Weg. Bei der uralten Römerstadt Kempten waren es riesige Schlangen, giftige Ottern und ekliges Gewürm, das aus dem Boden kroch. Auf dem Weg nach Füssen wollte ihm gar ein Drache den Weg versperren, und sogar als er schon am Ziel war und zu Füssen das Kloster gründen wollte, das später nach ihm St. Mang benannt wurde, da kam noch ein Bär daher, der ihn um die Früchte seiner Arbeit bringen wollte.

Magnus aber besaß einen Wunder wirkenden Stab; den brauchte er nur betend über die Ungeheuer und das Geziefer zu erheben, da war es auch schon besiegt. Was Wunder also, wenn er überallhin gerufen wurde, wo schädliches Getier die Menschen plagte? Sankt Magnus kam mit seinem Stab und das Ungetier verschwand.

Weil aber ein Heiliger zum einen über seinen Tod hinaus und zum andern auch über die Grenzen seines Gaues hinweg wirken kann, darum wurde der wundersame Stab in dem Füssener Benediktinerkloster wohl aufbewahrt. Und wo immer ein Getier zur Landplage wurde, dort erinnerte man sich daran und schickte Botschaften ins Kloster St. Mang, wenn alle anderen Mittel versagt hatten. Im Mittelalter war der kostbare, bald in Silber gefaßte Stab so oft und so

viel unterwegs, daß der Abt ein Lederfutteral dafür anfertigen ließ. Auch im 17. und 18. Jahrhundert wurde immer wieder nach Füssen geschickt, damit ein Benediktinerpater den Stab dorthin brachte, wo man wegen der Mäuseplagen nicht mehr ein und aus wußte. In feierlicher Prozession zog man dann betend hinter dem erhobenen Magnusstab her über die Fluren.
Solche Bittgänge haben sich auch in den Gemeinde- und Stadtkammerrechnungen niedergeschlagen, wie 1745 in Weilheim, wo *man ist prozessionaeiter mit ihm über die Felder gegangen und hat sie benediziert.* Oder 1761 in Schwabsoien, wo es heißt: *Titl. Hochw. H. Pater, so mit St. Magny-Staab und Heiligthum hier gewesen samt den Knecht 3 fl. 30 kr.* Daß es sich nicht um einen Aberglauben handelte, dem bloß das einfältige Volk anhing, mag man daraus ersehen, daß auch der Abt von Andechs 1748 in einem Bittgang den wundersamen Stab herbeiholen ließ.
Aufklärung und Säkularisation haben dann den Magnusstab in Vergessenheit geraten lassen. Sollte aber jemand nach Füssen kommen, der kann in die Krypta des heiligen Magnus unter der Barockkirche gehen, den Stab anschauen und sich fragen, ob wir heute für alles eine Erklärung haben, was auf der Welt vor sich geht.

II

Von Rebellen
und allerhand Leuten,
die zu ihrem Recht
kommen wollten

Ein Herzogtum Pfaffenwinkel mit den Residenzen Pähl und Schongau

Eine Zeitlang hat es wirklich so etwas gegeben wie ein Herzogtum Pfaffenwinkel. Es hat zwar nie diesen Namen geführt, hat wahrscheinlich überhaupt keinen Namen geführt, aber sein Herrscher war immerhin bedeutend genug, daß seine Stadt Weilheim eine Straße nach ihm benannt hat – und damit ist er der einzige Wittelsbacher, dem diese Ehre zuteil geworden ist: Herzog Christoph.

Christoph war der viertgeborene Sohn jenes Albrecht III. von Bayern, der die unglückselige Agnes Bernauerin geliebt hatte, bis sie zu Straubing in der Donau ertränkt worden ist. Schon der jugendliche Christoph entwickelte Riesenkräfte, ließ seinem ausgesprochenen Drang nach Abenteuern freien Lauf und brauchte immerzu Geldleiher, weil er mit seinem herzoglichen Taschengeld nicht auskam. Weil ihm sein Vater eine bessere Erziehung angedeihen lassen wollte, schickte er ihn mit einem Betreuer nach Italien; was die beiden da drunten alles angestellt haben, ist nicht bekannt.

Als 1460 Christophs Vater starb, übernahm sein ältester Bruder Johann die Regierung, und als dieser schon nach drei Jahren wiederum starb, setzte der drittgeborene Albrecht gegen den zweitältesten und kränklichen Sigmund seinen Anspruch auf Mitregierung durch, und nun meldete Christoph ebenfalls Ansprüche an. Er rückte damit seinem Bruder Albrecht besonders ungestüm auf den Leib, als Sigmund auf seine Regierungsansprüche verzichtete.

Albrecht allerdings gab lieber Teile seines Herzogtums preis, als daß er einen Mitregenten Christoph haben wollte. So begann es nach allerlei Streitigkeiten damit, daß der aufsässige Bruder am 16. März 1466 das Schloß Pähl mit allen Einnahmen und Nutzungen übertragen erhielt zuzüglich einer jährlichen Apanage von 3000 Gulden. Nicht zufrieden damit, schloß sich Christoph dem rauflustigen Ritterbund der Böckler an, mit dem er seinem Bruder ganz schön zusetzte. Das Zerwürfnis ging so weit, daß Albrecht seinen Bruder Christoph gefangensetzen ließ, nach dem dieser in München allerhand Raufhändel angezettelt hatte.

Ein Schiedsgericht führte dann am 20. März 1475 zu dem Spruch, der ein „Herzogtum Pfaffenwinkel“ schuf: Herzog Christoph be-

kam das Schloß Pähl, die Stadt Weilheim sowie Stadt und Schloß Landsberg mit all ihren Einkünften überlassen.
Das Hochschloß Pähl scheint Regierungssitz gewesen zu sein, wenn Christoph nicht gerade anderswo herumgeabenteuert hat. Obwohl, ein bißchen Raubritterei ließ sich auch vom Schloß Pähl aus betreiben. Hatten da doch Christophs Reisige dem Straßburger Kaufmann Dietrich Dauden aufgelauert, ihn ausgesäckelt, mitgenommen und in den Schloßturm gesperrt. Anscheinend war Dauden im Dienste der Schweizer Eidgenossen unterwegs gewesen; die nahmen sich nämlich um den Fall an, hielten sich jedoch nicht an Christoph sondern an den „wirklichen Herzog“ Albrecht. der schaffte die leidige Sache mit einem Schadenersatz von beinahe 1100 Gulden aus der Welt, zog aber das Geld seinem Bruder Christoph von der Apanage wieder ab. Dieser seinerseits scheint sich vermehrt an seine Steuerquellen gehalten zu haben. Jedenfalls schickten die Landsberger Bürger im Jahre 1485 eine Abordnung nach München um Klage darüber zu führen, daß sie rein ausgeplündert würden, und daß es an der Zeit wäre, nach zehn Jahren die Herrschaft des Herzogs Christoph zu beenden.

Auf so eine Klage schien Albrecht nur gewartet zu haben. Unverzüglich setzte er tausend Reiter und viel Geschütz in Marsch, überrumpelte Christoph so, daß der keinerlei Gegenwehr organisieren konnte und hatte am 28. Februar Landsberg, Pähl und Weilheim fest in seiner Hand.
Weil Christoph seinem Bruder Albrecht nichts anhaben konnte, rächte er sich an dessen Feldhauptmann, der jene Truppen befehligt hatte, die ihm seine Besitzungen weggenommen hatten, an Niclas von Abensberg. Er lauerte ihm auf und streckte ihn nieder. Die Reue für diese Untat überkam ihn bald; er erbat sich vom Papst die Absolution. Nachdem beide Brüder ihr Unrecht eingesehen hatten, versöhnten sie sich, und am Himmelfahrtstag 1485 wurde Christoph in der Klosterkirche auf dem Heiligen Berg Andechs losgesprochen.
Eigentliche Gewinner dieses Kleinkrieges waren die Veranlasser: Landsberg kam wieder in das herzogliche Bayern unter Albrecht zurück. In den sauren Apfel beißen mußten dafür die Stadt Schon-

gau und das Schloß Rauhenlechsberg; sie wurden Christoph als Ersatz für Landsberg gegeben.
Auf zwei Rechte mußte Christoph allerdings in seinem gesamten Herrschaftsgebiet von nun an verzichten: Er durfte von seinem Besitz nichts veräußern und durfte den Blutbann nicht ausüben; das Recht, die Todesstrafe zu verhängen lag allein bei Herzog Albrecht, der es während dieser Zeit keinem seiner Landrichter – wie sonst üblich – verlieh.
Christoph residierte nun abwechselnd in Pähl und in Schongau, nahm ein Jahr lang Dienste beim König von Ungarn und war allem Anschein nach in ständiger Geldverlegenheit. Aus der heraus hat er sich – wenn man seinem späten Biographen Franz Trautmann glauben darf – mit den Weilheimern ein richtiges Stückl geleistet:
Wie Herzog Christoph eines Tages wieder einmal gar nicht wußte, woher er Geld kriegen könnte, ließ er kurzerhand eine Sondersteuer über dreihundert Gulden ausschreiben, ließ die Forderung nicht dem Rat der Stadt Weilheim überbringen sondern einfach an die Rathaustür nageln. So billig aber gedachten's die Bürger auch wieder nicht hinzunehmen! Sie schickten ihren Bürgermeister schnurstracks nach Pähl, daß er dem Herzog ausrichte, sie hätten zu Weilheim ihre Steuern treu und redlich bezahlt, müßten ihre Pfennige wohl zusammenhalten und sähen nicht ein, warum sie mit Extrasteuern ruiniert werden sollten.
Der Bürgermeister brachte die Klage seiner Bürger so eindrucksvoll vor, daß der Herzog augenblicklich sein Roß satteln ließ und mit dem Bürgermeister nach Weilheim ritt. Da versammelte sich gleich alles Volk vor dem Rathaus und ließ es an Murren und Unmutsäußerungen nicht fehlen.
Christoph nahm den Zettel mit der Steuerforderung ab, zerriß ihn und beruhigte seine Weilheimer: Als Gewaltforderung wäre das nicht gemeint! Und daß die Weilheimer so arm dran wären, daß er sie mit 300 Gulden gleich ruinieren würde, damit habe er wirklich nicht gerechnet. Er wollte mit dem Geld nur einem in Not geratenen Klösterchen helfen – aber wie könnte er verlangen, daß den Armen dort von den noch ärmeren Weilheimern geholfen werde?
Ja, nun! Wenn's um ein armes Klösterlein ging, sah die Sache ja wieder anders aus. Und so arm, daß man von 300 Gulden ruiniert

würde? So sollte das der Herzog auch wieder nicht auffassen! Wenn's draufankäme, könnten sie auch noch das Doppelte aufbringen! – Kannten sie ihren Christoph wirklich so schlecht? Augenblicklich nahm er sie beim Wort – und ritt mit 600 Gulden im Beutel nach Pähl zurück.
Eine Anekdote, sicher! Aber Anekdoten sind oft ebenso bezeichnend wie Daten. Und das mit dem Klösterchen? Daß Herzog Christoph gelegentlich auch die Spendierhosen anhaben konnte, das hatten die Weilheimer selber erfahren: Er hatte ihnen die Kreuzkapelle gestiftet; und dafür hatten sie ihm nach fast 400 Jahren eine Herzog-Christoph-Straße gewidmet.
Herzog Christoph starb einen Tod, der seiner würdig war: Auf der Rückreise von einer abenteuerlichen Pilgerfahrt ins Heilige Land ist er am 15. August 1493 auf Rhodos gestorben.
Herzog Albrecht übernahm den Paffenwinkel nach 18 Jahren wieder in seine volle Regierungsgewalt und berappte all die Schulden, die sein Bruder bei Bräuern und Weinschenken, bei Handwerkern und Kaufleuten hinterlassen hatte. Der Hofstaat wurde aufgelöst. Vielleicht gab es trotz allem etliche, die der Herrlichkeit eines Kleinfürstentums nachtrauerten.

Johannes Thorer zu Dießen
oder
Wie ein Augustiner Chorherr zum Räuberhauptmann wurde

Die Herren von Thor hatten als Nachfolger der Eurasburger ihren Stammsitz zwischen dem Starnberger See und der Loisach. Durch ihre Vorfahren war es im Jahre 1121 zur Gründung des Chorherrenstiftes Beuerberg gekommen, keine Stunde weit von ihrer Burg. Sie stellten deshalb dort die Vögte bis in die Zeit hinein, in der die Geschichte des Johannes Thorer spielt.
Um das Jahr 1450 war es, daß dieser Johannes etliche Höfe, die er am Ammersee in seinem Besitz hatte, dem Prälaten von Dießen, wo gleichfalls ein Augustiner-Chorherren-Stift war, zu eigen übergab und dafür in den Konvent aufgenommen wurde. Das war damals gang und gäbe, und ohne daß einer sein Hab und Gut einbrachte, konnte er nicht Konventuale werden. Und der Thorer war sich über die Rechtslage zweifellos im Klaren: Er hatte sich und seinen Besitz dem Stift auf Zeit und Ewigkeit übergeben.
Wir dürfen annehmen. daß der adelige Herr nach den Sitten der Zeit schon viel in der Welt herumgekommen war. Auch wenn es ihm nicht leicht fiel, sein zweifellos recht lebhaftes Temperament nun an eine Ordensregel zu binden, gar zu hart wird er's nicht angetroffen haben. Zum ersten nahm man's mit der mönchischen Zucht damals ohnehin nicht sehr genau, zum zweiten galt Dießen für ein Stift, in dem immer etwas mehr Freiheiten gewährt wurden als in den meisten anderen, und zum dritten hatte es gerade zu der Zeit mit Konrad Marstaller einen Prälaten, der die Zügel so schleifen ließ, daß er seine Obern zur Verzweiflung brachte, weil er seinen Konvent nicht zusammenhalten konnte. Es ist anzunehmen, daß dies alles dem Thorer bekannt war und zu vermuten, daß er gerade dieser Zustände wegen das Stift Dießen für sich ausgesucht hatte.
Trotzdem: Eines Tages war nicht nur er selber sondern auch noch das beste Roß aus dem Klosterstall verschwunden.
Ein paar Tage darauf kam ein wildfremder Mann an die Klosterpforte und überbrachte einen Brief. Darin teilte der Thorer mit,

daß ihm dieses eintönige Leben mit seinen langweiligen Pflichten im Stift nicht mehr behage. Weil er aber sein Eigen dem Prälaten übereignet habe, besitze er nichts mehr, von dem er leben könne und fordere deshalb ein ausreichendes Jahrgeld, über dessen Höhe man ihm ein Angebot machen soll. Für den Fall aber, daß das Stift auf seine Forderung nicht eingehen wolle, drohte er an, sich so schadlos halten zu wollen, daß dem Prälaten nicht mehr wohl würde in seiner Haut.

So ein Ansinnen hätte jeder Prälat ablehnen müssen. Jeder hätte vielmehr alles daransetzen müssen, um den Abfälligen wieder auf einen gottgefälligen Weg zu bringen.

Propst Konrad Marstaller hielt sich dafür nicht für befähigt und resignierte. Sein Nachfolger Johannes Schön war aus einem anderen Holz geschnitzt. Er stellte sich verhandlungsbereit und brachte dabei mit List und manchem Gulden heraus, wo sich der entwichene Chorherr sein Nest eingerichtet hatte: in Merching, etwa halbwegs zwischen dem Ammersee und der Stadt Augsburg. Nun war das Kloster auch im Unterland begütert, hatte dort seine Höfe und seine hörigen Bauern. So fand sich denn in Prittriching, kaum anderthalb Stunden weit von Merching weg ein Mann, der mehr wußte als wann der Weizen blüht. Bald erfuhr der Propst, daß der Mann auch wußte, was der Weizen wert sein kann. Außerdem war der Mann mutig genug, daß er eines Nachts mit dem Propst und dessen Gerichtsdiener nach Merching hinüberritt und half, den aus allen Wolken gefallenen Thorer zu fesseln und so nach Dießen zu bringen.

Dort wurde der entlaufene Chorherr ins Verlies geworfen. Über Jahr und Tag widerstand er allen Versuchen, ihn zum reuigen Sünder zu machen.

Eines Tages war das Verlies leer. Johannes Thorer hatte Steine lokkergekratzt, bis er aus einem Loch entwischen konnte.

Jetzt kam kein Drohbrief mehr. Jetzt kam die Rache. In erstaunlich kurzer Zeit hatte Thorer eine berittene Räuberbande aufgestellt – oder sich dienstbar gemacht. Nichts zwischen Ammer und Lech, zwischen Augsburg und Weilheim, das dem Kloster Dießen gehörte blieb seines Friedens und seines Lebens sicher. Ob Wanderer oder Pilger, ob Bauern, die ihre Waren zum Markt brachten oder Hirten, die ihr Vieh austrieben, ob es Städel waren oder Häuser,

der Thorer überfiel, raubte, brannte nieder. Als sich die Bande eines Tages über ein Bauholzlager im Wald machen wollte, wurde sie vom Klosterjäger Eberhard Rauschmayr gestellt. Der Klosterjäger bezahlte seinen Mut mit dem Tod.
Auch jetzt, nachdem sich Landgerichte und Vitztum damit befaßten, war den Räubern nicht beizukommen. Wahrscheinlich hatten sie ihre Schlupfwinkel im Schwäbischen, jenseits des Lechs; dort war das Land nicht bayrisch, dort sah niemand einen Grund, eine Bande zu verfolgen, die ihre Untaten „im Ausland" verübte.
Schließlich rief der Dießener Propst seinen Bischof, den Kardinal Petrus von Schaumburg in Augsburg zu Hilfe und seinen Herzog Albrecht IV. Nach der Dießener Chronik des dortigen Chorherrn dall'Abaco wußten sich die beiden hohen Herren nicht anders zu helfen, als die Sache mit einem Vergleich aus der Welt zu schaffen: Der Johannes Thorer sollte auf ewige Zeiten von seinem Stift und Kloster Dießen verbannt und ausgeschlossen bleiben; dafür aber sollte er vom Prälaten ein Jahrgeld von zehn Gulden rheinisch bekommen, und die mußten an einem Ort ausbezahlt werden, wo keiner der Beteiligten ein Recht auf ihn hatte. Darauf ging der zum Räuberhauptmann gewordene Augustiner-Chorherr ein; sei's, weil er meinte, damit zufrieden sein zu können oder weil ihm alle geistlichen und weltlichen Strafen angedroht worden waren, für den Fall, daß er sich nicht füge.
Die Angaben über ihn verlieren sich nun. Es heißt nur noch, daß Johannes von Thor seine letzten Jahre im Elend zugebracht habe, bis ihm endlich das Chorherrenstift Rottenbuch ein Unterkommen gewährt habe. Dort soll er auch gestorben und begraben sein. Ob er bußfertig in den Tod gegangen ist, weiß keine Chronik zu vermelden.

(Nach Angaben in „Geschichte des Schlosses Eurasburg und seiner Besitzer" von R. Graf von Rambaldi in Oberbay. Archiv Band 48)

Der Filzdrack von Rottenbuch

Im Dreißigjährigen Krieg wird es gewesen sein, bevor noch die Schweden ins Land gekomen sind. Da hatten sie in Rottenbuch den gefürchteten Klosterrichter, der zwanzig Bauern an einen Wagen anschmieden und damit nach München bringen ließ, zur peinlichen Befragung, weil sie den Frondienst verweigerten.
Damals hauste hinten, im Kreiter Filz zwischen Rottenbuch und der Wildsteig ein endslanger Seldner mit Weib und Kindern in einer alten Holzhütte, den man nicht anders hieß als bloß den Filzdrack. Zwei Geißen waren ihm noch geblieben; die Kuh ist beim Viehsterben draufgegangen und die Sau hat ihm der Richter weggenommen, wie er den Zins nicht mehr aufbringen hat können.
Es war ein schier allmächtiger Herr, der Klosterrichter. Hart und grausam wie keiner vor ihm, und was an Recht und Gewohnheit überkommen war, das hat er mit Willkür und Jähzorn übergangen. Wenn aber so ein armer Filzdrack hingegangen wäre und hätte angefangen, von Unrecht zu reden, den hätte der Richter in die Keuche genommen, bis er wieder zu Kreuz gekrochen wäre. Was Wunder also, wenn so ein armer Häusler nimmer weiß, wo ein und wo aus? Wenn er außer Rand und Band kommt in seiner dumpfen Wut und auf allerhand rachsüchtige Gedanken in seiner Ohnmacht? Und wenn er hellwach auf jede Gelegenheit lurt, dem grausamen Herrn alles heimzuzahlen!
Und dann stand eines schönen Vormittags sein Bub vor ihm, der eigentlich draußen im Wald die Geißen hätte hüten sollen. Geschlottert hat er vor Angst, wie er dem Vater erzählte, was ihm draußen begegnet ist: Die Geißen hat er grad zum obern Filz treiben wollen,

da ist auf einmal ein nackertes Männle vor ihm gestanden; das hat einen alten, ausgefransten Hut in der Hand gehabt und den hat es dem Buben schenken wollen. Er hat es aber mit der Angst gekriegt und ist davongelaufen. Das Männle ist ihm nach, und wie es gemerkt hat, daß es ihn nicht erwischen kann, hat es ihm den Hut nachgeschmissen. Getroffen hat es ihn nicht.
Dem Filzdrack haben die Hände gezittert, wie er sich ein ums andre Mal bekreuzigt hat.
Ist alles schon einmal dagewesen! Die Weiber haben's erzählt, wenn sie beim Kunkeln zusammengesessen sind und die Mannerleut im Wirtshaus, und ein jedes hat's gewußt: Vor dem letzten großen Peststerben, da ist eine Dirn beim Sauhüten einem alten, nakkerten Weible begegnet; das hat der Dirn einen zerlumpten Strumpf schenken wollen. Die ist davongelaufen, hat niemand ein Sterbenswörtchen davon gesagt. So ist der Strumpf liegengeblieben und hat die Pest ins Land gebracht. Wie es zu spät war, haben sie's vom Wasenmeister erfahren; der Strumpf hätte nicht liegenbleiben dürfen. Einer hätte sich opfern sollen. Einer, der so eine Pestsache anlangt, sei's nun ein Strumpf oder ein Hut oder sonstwas, der stirbt den Schwarzen Tod; alle andern bleiben dann verschont.
Das weiß er alles, der Filzdrack.
Er schlurft in die Küche, nimmt sich die lange Feuerzange vom Haken und geht in den Wald hinaus, wo der Steig zum obern Filz hinaufführt. Da liegt er, der Hut. Wie er ihn in die Zange nimmt, zittern seine Hände nimmer. Er geht nicht heim. Gradwegs trägt er den Hut nach Rottenbuch hinein. Schließlich steht er damit beim Richter in der Wohnstube.
Der hohe Herr liegt am hellichten Tag auf seinem Lager, ächzt und schnaubt, hat wieder einmal zu viel gegessen und getrunken, es riecht nach frischem Brot, nach gebratenem Fleisch und nach Wein. Wie ein Luchs lauert der Filzdrack mitten in der Stube, hält den Hut mit der Zange weit von sich. Der Klosterrichter starrt ihn an, fährt vom Lager hoch und tobt: Wer ihn habe eintreten heißen? Wo der gebührende Kniefall bleibe? Und er solle sich hinausscheren, sonst könne er seines Lebens bald nimmer froh sein!
Aber der Filzdrack tut den Mund nicht auf und steht da wie ein Stock.

Schnaubend vor Wut und mit hochrotem Kopf bringt sich der Klosterrichter auf die Füße, schwankt ächzend die paar Schritte zum Filzdrack hin, reißt den Hut aus der Zange und will ihn nach dem Eindringling schleudern. Der ist darauf gefaßt, duckt sich und weicht aus; der Hut klatscht an die Wand, fällt lautlos auf den Boden. Erst jetzt tut der Filzdrack den Mund auf: Wissen Euer Gnaden, was Ihr da getan habt? Von einem Pestmännle ist dieser Hut! meinem Buben hätte er gegolten, aber der ist davongelaufen. Ich hab ihn nicht berührt, hab ihn bloß in der Zange gehabt, den Malefizhut. Euer Gnaden sind der erste, der ihn angelangt hat. Und der letzte! Damit nahm er den Hut mit der Zange auf und schob ihn ins Kaminfeuer.
Wie den Richter der Schwindel packt, daß er aufs Lager taumelt, schleicht sich der Filzdrack zur Türe hinaus. So fängt es immer an, denkt er, daß es den Leuten schwindlig wird. So hat es damals auch angefangen. Und dann hat es einen um den andern gepackt. Bloß weil der Strumpf liegengeblieben ist. Aber der Hut, der ist nicht liegengeblieben. Braucht nur sein Opfer, so ein Pesthut!
Ein paar Tage drauf haben sie den Klosterrichter mit den Füßen voraus weggetragen. Am Schlagfluß ist er gestorben, hat es geheißen. Aber der Filzdrack hat es besser gewußt.

Die Hardtkapelle bei Haunshofen

In jener uralten Zeit, als Weilheim zwar schon zur Stadt erhöben und die Pfarrei Haunshofen von Kaiser Ludwig dem Stift Bernried geschenkt war, als es aber überall in unserm Land noch keine festgelegten Grenzen zwischen Städten und Klöstern, Dörfern und Adelsherrschften gab, da waren Streitigkeiten um den Blumbesuch an der Tagesordnung.
Blumbesuch, das hört sich so romantisch an! Dabei war es nichts anderes als das Austreiben der Viehherden durch festbestallte Hirten

in die Wälder zur Saumast, auf die trockenen Hangwiesen mit den Pferden und in die Auen mit Rindern und Schafen. Das Land mag damals so ähnlich gewesen sein wie wir's heute noch finden zwischen Weilheim, Haunshofen und Bernried, im Hardt. Und wie landauf, landab, so kam es auch hier zum Streit, weil die Haunshofer das gleiche meinten wie die Weilheimer, nämlich: Der Landstreifen zwischen dem Murnauerbach und dem Grünbach stünde nach altem Herkommen ihnen allein zu, zum Blumbesuch.
Wie immer in solchen Fällen wurde ein Richter angerufen, vor dem jeder sein vermeintliches Recht vorbringen wollte. Da schienen nun die Weilheimer freilich besser dran zu sein; sie hatten Brief und Siegel vorzuweisen. Die Haunshofer konnten hingegen nur ein paar steinalte Männer aufbieten, die auf ihren Eid beschwören wollten, daß dieses Land seit Menschengedenken von ihrem Dorf genutzt ward.
So standen sie sich gegenüber, auf der Anhöhe im Hardt, bei dem Stein, der schon dortliegt, seit es ewiger Winter gewesen war, in diesem Land. Dort warteten sie auf den Richter. Aber ehe sie sich's versahen, trat aus dem Wald ein edler Jüngling, ging schnurstracks auf den Findling zu, wollte weder den gesiegelten Brief sehen noch die alten Männer anhören, stellte seinen rechten Fuß auf jenen Stein und tat den Spruch:

So wahr ich tret in diesen Stein,
ist dies Haunshofer Gmein!

Sprach's, und war auch schon wieder verschwunden. In dem Stein aber blieb der tiefe Eindruck seines Fußes zurück.
Dem Urteil beugten sich die Weilheimer ohne Widerspruch. Die Haunshofer bauten voll Dankbarkeit eine Kapelle über dem Stein, die Hardtkapelle. Wer dorthin kommt, wenn die Kapelle grad nicht verschlossen ist, der kann noch heute seinen Fuß in den tiefen Eindruck stellen; bis fast zum Knie hinauf wird er darin versinken.

Die Pähler Bauernschlacht

Nahe dem Gut Rösselsberg bei Pähl steht eine verwitterte Gedenksäule, die zeigt auf der einen Seite zwei Pferdeköpfe, das Wappen der Heseloher und auf einer andern die kaum noch lesbare Jahreszahl 1483. An dieser Stelle und in dem angegebenen Jahr soll der Dichter und Landrichter Hans der Heseloher bei einem nächtlichen Ritt ums Leben gekommen sein.
Der letzte Minnesänger wurde er genannt und der erste Volksdich-

ter. Berühmt geblieben – wenigstens dem Namen nach – ist seine „Pähler Bauernschlacht“:

Von yppiklichen dingen
so wil ichs heben an,
ein wenig davon ze singen,
wie ich gesehen han.
Geschach pai ainem tanz
auff ainem eben pfat;
da sach man umher schwanzen
ain maidt in ainem kranze,
gelat von stat,
in hybscher wat,
di maid was grat;
der pawer der het an ain pantzer,
der mit ir umbher drat.

So lautet die erste von dreizehn Strophen, in denen der Landrichter von einer gewaltigen Rauferei berichtet, geschehen in dem Dorf Pähl, in dem eine Burg war, die dem Hans Heseloher als Amtssitz diente. Weil es ziemlich mühselig ist, sich aus der Sprache des 15. Jahrhunderts den Sinn herauszuklauben, seien die Strophen erzählt.

1

Von yppiglichen dingen, von üblichen Dingen, wie sie halt so vorkommen, will ich erzählen, so, wie ich sie selber gesehen habe. Bei einem offenen Tanz war es, und zuerst sah alles ganz friedlich aus. Da schwänzelte eine Maid umher mit einem Kranz im Haar, die war gut gewachsen und hübsch angezogen; eine bildsaubere Maid! An die machte sich nun ein Bauer heran, der *ain pantzer,* eine Panzerweste anhatte, während er mit ihr *umbher drat,* herumtanzte.

2

Er hatte aber nicht bloß Lust aufs Tanzen, *zu vechten hett er willen, im hiren hett er grillen,* Raufhändel hat er gesucht und im Hirn war er nimmer ganz richtig, drum stieß er jedem seine Faust auf die Brust, der ihm in den Weg kam. Solche Krummheiten und Dummheiten trieb er immer ausgelassener. Aber ganz *gach von ungemach,* ganz arg trieb er's gegen einen, den er schon von früher her nicht leiden konnte.

3

Er fuert ain langen rayen, er führte lange Schmähreden gegen ihn, bis sich's der andere auch nicht mehr gefallen ließ, er fing zu grollen an, *er stieß in mit gefar; da hieß er in ain chnollen, ain truncken und ain vollen,* schimpfte ihn einen aufgeblasenen Hanswursten und mehr solche Sachen. Der andere war auch nicht faul: *Da schlug er den trollen danider nach der swar,* schlug er dem Trollen eine hin, daß der umfiel wie ein Sack.

4

Da cham sein prueder Steffel zu Hilfe und drehte den Spieß um: *„Du fuerst ain freieß scheffel,* du nimmst dir gar zu viel heraus, jetzt kriegst du's mit mir zu tun. *Thuet dich der puckhel jucken, so lain dich her an mich,* wenn dich der Buckel juckt, dann komm her, wenn du dich traust! Und schon zog er das Messer. „Hüt dich, sag ich dir, *ain ward nit sprich,* ein Wort noch, *und ich schlach in dich ain luckhen und gib dir ainen stich."*

5

Zu dem cham da herwider, der erst, der vor ihm lag, grad da kam also der, den er zusammengeschlagen hatte wieder zu sich: „Das mußt du mir büßen, daß du mich niedergehauen hast! *Es pleibt nicht ungerochen wol von den freuntten mein,* da werden sich sogar meine Freunde an dir rächen, *du wirst von uns erstochen,* da, hast einen, steck ihn ein und behalt ihn! Hör dein Schreien auf, geh lieber heim und laß *dir chochen ein guetten dickhen prein,* geh heim und laß dir ein Kindsmus kochen!

6

Das bringt den andern erst richtig in Wut, er tobt noch mehr als vorher. „Ich hau alles zusammen, das kann kosten, was es will! *Ich hab in meinem stalle zwai roß und zehen rind,* und wenn die alle draufgehen sollten deswegen, aber dir gib ich *ains auff die schnalle,* eine aufs Mundwerk, daß dir Hören und Sehen vergeht, *du huerren chind,* du Hurenbub, bell nur, bis ich dir das Maul verstopf! *Ee ich dirs maul verpindt."*

7

Als sein Vetter das Geschrei hörte, kam er gleich herbei und rief: *„Wol auff und latt uns retten, es wirt ain unglücke dar aus.* Komm, gehen wir, sonst gibt's ein Unglück. *So choppisch,* so dickköpfig wie ich meinen Vetter Haimeran kenne, ist mit dem gar nichts mehr zu machen, wenn er sich vor den Mädchen aufspielen will. Da ist ihm alles zuzutrauen, und wenn er erst einen hat, mit dem er raufen kann, dann läßt er sich überhaupt nichts mehr gefallen, *er vach ainen jamer an,* er gibt dann keine Ruhe mehr, bis das Unglück da ist.

8

Aber es war schon zu spät: *Da hueb sich ein scharmuczeln als in ainen wilden her, ein chleppern und ein gliczen von harnasch und von wer* – eine Schlacht brach los wie beim wilden Heer wenn Harnische scheppern und Waffen aufblitzen. Und im Nu kamen sie von allen Seiten herbei, und alle wollten nichts mehr als *treschen; herpei, so frei, da zwen, da drei,* von da kamen zwei und von dort kamen drei, *si gaben ain ander pleschen,* daß es bloß noch so patschte.

9

Di weiber schrieen sere, „lauft! Holt die Wachen! schrieen sie, *wee heut und immerwee!* Wo wird denn grad mein Mann sein? Da schluchzte *das winczig Gredel: „Er ist halt dortten in dem tam da mitten in dem wedel, hatt ain loch in schedel;* wo wird er denn sein? Mitten drin in dem Getümmel und Gewedel und hat ein Loch im Schädel! Meine Güte, meine Güte, ich glaube, da bleibt und uns nichts anderes mehr über, als daß wir ihn heimtragen *unczt das der pader cham,* und schauen, daß möglichst schnell der Bader kommt.

10

Der amptmann war unfruettig, er wolt nit pietten frid, der Amtmann war zwar inzwischen eingetroffen, aber er hatte es gar nicht eilig damit, Frieden zu gebieten. Erst als es ihm gar zu blutig hergegangen ist, hat er den Riegel runtergelassen und sie auseinandergeschafft. Jetzt sah *man vil der wunden, der schramen und der schrunttten,* aber wie so einer um den andern gefragt wurde, wer und wie das angefangen hat, da kam nicht viel heraus. Eine Flucherei gab es erst, als man einige von den gesund gebliebenen festnahm.

11

Ir wurden vil verserret, verwundet in den tod, und die Freude war nun *vercheret in jamer und in nott. Der ain den must man laben, den andern hören peicht, den dritten gar pegraben, der viert der trug das plaben,* die blauen Flecken. Wie leicht kann's gehn, daß so ein Streit um nichts *von yppigklichen chnaben* angezettelt zu so einer vermaledeiten Sache wird!
(Wenn es für uns schon verwunderlich ist, daß sich der Amtmann die Rauferei erst einmal in aller Gemütsruhe angeschaut hat, bevor er eingreifen ließ, so mag uns die „Moral aus der Geschichte", die der Herr Landrichter und Dichter in den letzten beiden Strophen zieht, heute doch den Kopf schütteln lassen:)

12

Ein solich zancke und hadern
verderbt die herrschaft nicht,
den amptman und den pader
ir waicz der pluet da mitt.

So ein Streit und so ein Hader macht der Herrschaft gar nichts aus; im Gegenteil: Dem Amtmann und dem Bader blüht da bloß der Weizen, für die ist es ein einträgliches Geschäft, die schlagen gar manchen Gewinn aus den Wunden. Ihnen tut es nicht weh, wenn man demnächst kurz und bündig mitteilt, sie hätten *den schaden ab zu puesen pai ıx und x phund,* den Schaden gutzumachen mit beispielsweise 9 oder 10 Pfund.

13

Der uns das hatt gedichtet und neues hatt gemacht, der uns das gedichtet und als Neuigkeit erzählt hat, der kann die Sache drehen und wenden wie er will, aber wie er sie auch anschaut, kann er bloß einen Rat geben, nämlich daß man sich in acht nimmt, vor der groben Bauernschar; wenn die einmal zu wüten beginnt, dann geht es nicht gut aus;

als pald si werden wuetten,
so hilfft an in chain guetten,
so gar fur war
cham ainer dar
wais wan im jar,
und macht ir ainen pluetten,
er muset lassen harr.

42 Jahre nach Heselohers Tod ist der Bauernkrieg ausgebrochen. Ob er nicht doch ein Dichter war, der auch der nachfolgenden Generation noch etwas zu sagen hatte?

Der Weilheimer Fuhrmann Georg Dietmair und die Schongauer Rottordnung anno 1533

Das Fuhrmannsdasein wird in alten Liedern zwar immer als freies und sorgloses Dasein gepriesen, aber ganz so scheint es nicht gewesen zu sein. Es gab da eine Rottordnung, in der festgelegt war, wann und wie weit einer fahren durfte, welche Straßen zu benützen waren und wo er nachts seine Ladung niederzulegen hatte. Dabei ging es um bares Geld, um Zölle und Stapelgebühren, das die Städte und Märkte vereinnahmten. Sie hatten dafür Straßen und Brücken in Ordnung zu halten. Wenn sich einer nicht an die Rott hielt, dem konnte es gehen wie dem Weilheimer Fuhrmann Georg Dietmair.
Er hat anscheinend nicht genug Aufträge hereinbekommen; die Kesselbergstraße, 1492 gebaut, hatte den Weilheimern überhaupt viel Geschäft verdorben, weil jetzt die meisten Waren von München zum Brennerpaß über Benediktbeuern liefen. Als alter Fuchs meinte der Dietmair allerdings Mittel und Wege zu wissen, wie er trotzdem zu seinen Fuhren kommen könnte. Die Straße von Augsburg nach Italien war damals lebhaft befahren; es war ja die blühende Zeit nach dem großen Jakob Fugger. Auf dieser festgelegten Rott über Landsberg, Schongau, Echelsbach, Ammergau, Oberau, Partenkirchen und Mittenwald hatte allerdings kein Weilheimer Fuhrmann etwas verloren. Es sei denn, man fand einen Augsburger Handelsherrn, der Zoll und Niederlagen sparen wollte und einen Fuhrmann suchte, der seine Ware auf allerlei Schleichwegen ans Ziel zu bringen wußte. So einer war zum Beispiel der Dietmair. Irgendwo zwischen Landsberg und Schongau übernahm er von einem Augsburger Kaufmann eine Ladung – und wurde prompt von Schongauer Spähern erwischt.

Selbstverständlich wandte sich der Rat der Stadt Schongau voll Entrüstung an die Nachbarstadt Weilheim, sie möge ihr „solcher Irrungen wegen den Dietmair verschaffen“, also zur Bestrafung ausliefern. Weil es auch Aufgabe einer Stadt war, ihre Bürger zu schützen, schlugen die Weilheimer ein solches Ansinnen aus. Sie wollten den Dietmair allenfalls vor ihr eigenes Gericht stellen und boten entsprechende Verhandlungen an. Davon hielten jedoch die Schongauer gar nichts.

Eines schönen Tages, als der Dietmair schon meinte, die Sache habe sich im Sande verlaufen, fuhr er *von Botzen heraus mit Weinen dem Prälaten zu Polling gehörig bei Murnau,* da packten ihn mir nichts, dir nichts die Schongauer Schergen *auf freier Straßen,* legten ihm Fesseln an und führten ihn gebunden bis Rottenbuch, das schon im Schongauer Landgericht lag, nahmen ihm dort erst die Fesseln ab und brachten ihn so in ihre Stadt.

Der Praxer mußte den Wein allein nach Polling bringen und hatte dann in Weilheim allerhand zu erzählen. Gegen eine beachtliche Bürgschaft kam der Georg Dietmair wieder frei.

In seine Heimatstadt zurückgekehrt, beschwerte sich der Fuhrmann und Bürger bei seinem Magistrat über das Unrecht, das man ihm angetan habe, nämlich ihn *auf freier Straßen gefänglich einzuziehen.* Weil nun keine Stadt nachgeben wollte, brachte man den Fall *vor Herzog Albrechts Hofräthe zu München.*

Von denen bekamen die Schongauer zwar ihr Fett weg, die Zeche freilich mußte der Dietmair berappen. Schongau wurde gerügt, weil es in einem fremden Landgerichte solche Gewalttaten vornahm, wie sie niemandem im Herzogtum zustehen. Sie wurden belehrt, daß sie in solchen Fällen zur Obrigkeit gehen sollten und sich nicht selber Recht verschaffen. Der Georg Dietmair hingegen mußte nicht nur jene Zoll- und Niederschlagsgebühren an die Stadt Schongau abführen, um die er sie mit seiner Augsburger Fuhre gebracht hatte. Er wurde auch noch mit 12 Gulden Strafe belegt. Dies war ungefähr so viel, wie auf einer Fahrt von Weilheim nach Bozen zu verdienen war.

Es ist nicht bekannt, ob der Georg Dietmair seinen Strafbetrag auf geraden oder auf krummen Wegen hereingearbeitet hat.

Der Ammergauer Bierprozeß

Klosterbrauereien stehen heute in dem Ruf, einen besonders guten Gerstensaft zu sieden. Daß dies nicht immer und überall so war, zeigt ein Vorgang aus dem Jahre 1728, bei dem es immerhin zu einem Aufstand der Wirte gekommen ist.
Es begann am 9. Juni in Kohlgrub, wo sich sämtliche Wirte der vier Ammergaugemeinden Oberammergau, Unterammergau, Kohlgrub und (Bayer-)Soien bei einer Festivität trafen. Als Angehörige des Klostergerichtes waren sie verpflichtet, von der Klosterbrauerei das Bier zu beziehen. Weil es aber seit geraumer Zeit „gar nicht gut", und das Märzenbier sogar so schlecht ausgefallen war, daß es niemand mehr trinken wollte, beließen es die Wirte nicht bei wortgewaltigen Schimpfereien sondern vereinbarten – mit Ausnahme des Schuhbräus zu Oberammergau, der großen Wert darauf legte, als Ausnahme genannt zu werden – von Stund an nichts mehr von der Klosterbrauerei in Ettal zu beziehen sondern das Bier aus Weilheim zu holen. Es muß schon arg gewesen sein, wenn man für die Bierführer lieber eine Tagreise hin und eine zurück auf sich nahm, als sich mit dem Ettaler Sud abzufinden.
Das Kloster Ettal konnte einen solchen Aufstand nicht einfach hinnehmen. Also lud der Kammerrichter alle Wirte nach Oberammergau vor und führte mit dem Brauverwalter Pater Johannes zusammen ein Verhör der Wirte durch. Die hatten inzwischen den Georg Dengg zu ihrem Sprecher gewählt. Der nahm sich kein Blatt vor

den Mund und sagte seine Meinung so grad heraus, daß ihn der Klosterrichter in Eisen schlagen und ihn ins Schergenstüblein abführen ließ, wo er 19 Tage lang an die Mauer angeschlossen blieb.
Solches wollten nun die vier Gemeinden wiederum nicht geschehen lassen. Sie wählten fünf Männer aus und schickten sie nach München, damit sie sich dort für den Dengg und gegen den Klosterrichter einsetzten. Der Erfolg war, daß sie alle miteinander wegen Beleidigung des Gerichtes in Haft genommen wurden, bis sich die Dörfer in gebührender Weise für ein solches Verhalten entschuldigt hatten.
Als dies bekannt wurde, im Ammergau, machten sich noch in der Nacht 117 Männer auf, zogen nach München und machten vor dem kurfürstlichen Richter einen Fußfall. Daraufhin wurde ohne Verzug die Freilassung gewährt. Eine Entscheidung über den Bierbezug war allerdings nicht gefallen.
Es gab immer wieder Verhaftungen, insbesondere von Bierführern, aber auch Wirte mußten gelegentlich in die Schergenkammer, wenn sie mit ihrem Weilheimer Bier erwischt wurden. Die Schergen von Huglfing, Murnau und Soien wurden eingeschaltet. Der Pfleger von Weilheim wurde als Vermittler bestellt, hat aber eine geraume Zeit gebraucht, um den Bierfrieden wieder herzustellen. Erst 1731 war man mit dem Bier der Ettaler Klosterbrauerei so zufrieden, daß der Prozeß sein Ende fand.
Die Bierqualität ist uns nicht in den Schoß gefallen! Unsere Altvordern aus dem Ammergau wären es wert, daß wir einen Gedächtnis- und Anerkennungsschluck trinken auf ihre Hartnäckigkeit und auf die Opfer, die sie für ein gutes Bier zu bringen bereit waren!

Die Huldigung

Es geht nicht um jene allererste Huldigung, die von den Murnauer Bürgern ihrem Herzog, dem späteren Kaiser Ludwig dem Bayern aus freudigen Herzen dargebracht wurde. Dies war anno 1322, lange bevor der König zu seinem unglücklichen Italienzug aufgebrochen war. In diesem Jahr hatte Ludwig das bischöflich augsburgische Dorf Murnau zu seinem kaiserlich gefreiten Markt gemacht, ausgestattet mit Freiheiten und Rechten und mit der Gunst, daß sie keinen andern Herrn über sich anzuerkennen bräuchten als ihren jeweiligen Herzog. Acht Jahre später freilich schenkte dieser selbe Ludwig den Markt Murnau mit allen Leuten und Gütern seinem geliebten Kloster Ettal, das er gegründet hatte. Und weil fast fünfhundert Jahre lang der Abt als Grundherr darauf pochte, daß das Recht bei dem lag, der das Land besaß – weil sich aber die Bürger ebenso lange auf ihre Rechte und Freiheiten beriefen, die ihnen der Kaiser gegeben hatte, darum mußte es zu endlosen „Irrungen" kommen; so nannte man damals die Rechtsstreitigkeiten.
Es war nicht die erste Irrung, die gegen Ende des Jahres 1697 ihren Anfang nahm. Romuald Haimblinger war zum Abt des Klosters Ettal gewählt worden, anscheinend nicht gerade zur Begeisterung der Murnauer. Um denen aber schnell klarzumachen, wo der Bartl den Most holt, ließ er – mit der Begründung, ein altes Recht wieder aufleben zu lassen – seinem Markt Murnau mitteilen, daß er am 27. Jänner des Jahres 1698 auf dem dortigen Pflegschloß die Huldigung der Bürger entgegenzunehmen wünsche, die sie ihm, als ihrem Grundherrn schuldig wären. Außerdem schickte er, um keinen Zweifel daran aufkommen zu lassen, was er alles unter seine Befugnisse zu nehmen gedachte, packweise alte Marktrechnungen zurück darunter sogar etliche aus dem Jahre 1609 bis herauf zu 1694 mit der Beanstandung, sie wären nicht ordnungsgemäß geführt und darum zu überprüfen, zu berichtigen und dann neu vorzulegen.
Es ist klar, daß sich die Murnauer nicht bloß auf ihrem Rathaus die Köpfe heiß redeten über das, was ihnen der neue Abt zumutete. Wie schon aus der fast 90 Jahre alten beanstandeten Marktrechnung hervorgeht, hatte sich in Ettal nie jemand um solche Sachen gekümmert. Einem Herkommen gemäß wurden sie zwar dem

Grundherrn vorgelegt, der sie einem gleichen Herkommen zufolge uneingesehen ablegte. Und was gar die Huldigung anging, so wurde sie seit Menschengedenken nur dem Landesherren, nie aber dem Grundherrn gewährt und war auch, nach einhelliger Auffassung aller Bürger von keinem der Vorgänger des Prälaten Romuald gefordert worden. Wenn man sich auch von allem Anfang an darüber einig war, dem neuen Abt sowohl das eine wie das andere schuldig zu bleiben, man redete sich die Köpfe heiß; und wo Bedenken auftauchten, da sorgte der wortgewandte Gemeinderedner Abraham Gropper dafür, daß sie alsbald wieder untergingen.
Am 15. Januar ging der Brief des herzoglichen Marktes an den Abt des Klosters Ettal ab, in dem stand, wie und warum sich die Bürger in ihren Freiheiten nicht behindern ließen.
Am 27. Januar jedoch, dem angekündigten Huldigungstag, traf der Abt im Murnauer Pflegschloß ein, forderte noch einmal den Marktschreiber zur Vorlage der Jahresrechnungen auf und ließ den Bürgern mitteilen, daß er sie zur Huldigung erwarte. Als aber weder der eine noch die anderen erschienen, gebot der Prälat zwei Knechten, den Marktschreiber Johann Reischl festzunehmen und gewaltsam aufs Schloß zu bringen.
Der Reischl war aber daheim nicht anzutreffen. Er war bei einer Kindstaufe, und darum in einem Zustand, daß es ohnehin besser war, dem Abt nicht unter die Augen zu kommen. Erstens deswegen und zweitens überhaupt fand der Marktschreiber genug Freunde, die ihn so verschwinden ließen, daß er von den Knechten nicht um alles in der Welt aufzustöbern war. Wobei allerdings gerade das Herumstöbern in allerhand Häusern noch mehr böses Blut machte.
Der Gemeinderedner Gropper war schon drauf und dran, die Bürger dazu aufzustacheln, den ettalischen Knechten mit Gewalt das Handwerk zu legen; und wenn's anders nicht zu machen wäre, müsse man halt die Sturmglocke läuten um die Freiheiten des Marktes zu verteidigen. Dazu allerdings ließ es Romuald nicht kommen. Er verließ ungehuldigt das Schloß, und während die Murnauer noch ihren vermeintlichen Sieg in den Bierstuben und Weinschenken feierten, verfaßte der Prälat schon seinen Bericht an den kurfürstlichen Hofrat in München.
Diese Post wird noch kaum richtig in München gewesen sein, als es

in Murnau zu neuen „Irrungen“ kam. Am nächsten Tag gleich war ein Bürger ins Murnauer Moos gefahren um Streu heimzuholen. Das Moos und damit auch die Streu waren nicht im Eigenbesitz der Bürger; die Nutzung wurde grundsätzlich von Ettal geregelt – aber es war wohl wie mit den Marktrechnungen gewesen: bisher hatte sich niemand mehr darum gekümmert; jetzt aber wurde der Streu einfahrende Bürger festgenommen und nach Ammergau ins Gefängnis gebracht.

Wieder einen Tag drauf kam in dieses brodelnde Murnau ein ettalischer Amtmann mit drei Jägern. Sie machten sich mit ihren geladenen Gewehren wichtig, protzten sich vor jedermann damit und schrieen umeinander, daß sie keinen Grund hätten, sich in dem Markt zu fürchten und zogen großmaulig von einem Wirtshaus ins andere. Bis sie an die Unrechten kamen, die sich auch nicht fürchteten und den Schreimäulern ihre Flinten abnahmen, bevor sie auch nur drandenken konnten, einen Schuß abzugeben. Und nun stellte man sich auch in Murnau ans Schreibpult. Dem Kloster Ettal wurde mitgeteilt, daß man die Gewehre nicht eher herausgeben wolle, bis der festgenommene Bürger wieder in voller Freiheit nach Murnau zurückgekehrt sei. Beim Hofrat in München verklagten die Bürger den Prälaten sowohl wegen der verlangten Huldigung als auch wegen der Gefangensetzung eines ihrer Bürger.

Der Hofrat handelte immer schnell, wenn sich jemand Recht anmaßte, das ihm nicht zustand oder wenn jemand versuchte, sein vermeintliches Recht mit Gewalt zu erzwingen. So ging zunächst einmal ohne nähere Untersuchung ans Kloster die Order, den Murnauer Bürger unverzüglich wieder in Freiheit zu setzen; der Markt wurde aufgefordert, ohne Säumen die Gewehre zurückzugeben. Damit war freilich der Fall nicht abgeschlossen.

Auf den 18. März 1698 wurden die vier Murnauer Bürgermeister, der Gemeinderedner und weitere dreizehn Bürger vor das Pflegegericht Weilheim geladen zur mündlichen Einvernahme wegen der Vorkommnisse bei der verweigerten Huldigung. Dort schienen die Murnauer zu allem bereit, bloß nicht zu der Einsicht, daß sie sich nicht richtig verhalten hätten. Sie wurden belehrt: Wenn sie wirklich meinten, der Prälat würde Unrecht von ihnen verlangt haben, so hätten sie nicht wie Rebellen zu handeln sondern sich vertrauens-

voll an den Hofrat zu wenden und zwar rechtzeitig und nicht erst hinterdrein, wenn schon böses Blut gemacht sei. Zu dieser Einsicht gelangten die Murnauer anscheinend auch vor dem Weilheimer Pfleger nicht, und darum endete die Einvernahme damit, daß sie alle miteinander hinter Schloß und Riegel kamen.
Sie mußten zwar nicht alle bleiben; nur drei wurden festgehalten, sozusagen als Geiseln, die abgelöst werden konnten, von jemand aus diesen achtzehn. Sie wurden so lange festgehalten, bis sich der kaiserlich gefreite kurfürstliche Markt Murnau gegenüber dem Prälaten des Klosters Ettal H. H. Abt Romuald Haimblinger entschuldigt hatte. Leicht scheint das den Murnauern nicht gefallen zu sein; zehn Wochen lang verfügten sich treu und halsstarrig jeweils drei Murnauer Bürger nach Weilheim um drei andere im Gefängnis abzulösen.
Man soll aber jetzt nicht hergehen, und die Murnauer alleinig für trotzköpfig halten; es kann genausogut daran liegen, daß der Abt nicht eher bereit war, auf seine Huldigung zu verzichten und die Marktkammerrechnungen Marktkammerrechnungen sein zu lassen.
Etliche Jahre später hatte sowohl der Markt als das Kloster andere Sorgen: Im „Tirolerkrieg" 1703 wurde der Markt Murnau am 28. August geplündert, und nachts um zehn Uhr ließ der Tiroler Officier Gaston den Markt an vier Ecken anzünden. 107 Häuser, die Mariahilfkirche und das Rathaus gingen in Flammen auf. Der Prälat von Ettal aber fiel zuerst bei seinem Kurfürsten in Ungnade, weil er angeblich mit den Österreichern paktierte; später aber rügten ihn die Österreicher scharf, weil sich ettalische Untertanen an dem Bauernaufstand beteiligt haben sollen, der zur Sendlinger Mordweihnacht geführt hatte. Außerdem waren viele Klostergebäude so baufällig geworden, daß Abt Romuald schließlich nicht mehr wußte, wie er sie vor dem Zerfall retten sollte. Er regierte bis zum Jahre 1708.

Sein Nachfolger war der baufreudige Abt Placidius II. In seiner Zeit wurde nicht nur das Kloster Ettal von Grund auf neu erbaut, auf sein Betreiben erhielt auch der Markt Murnau eine neue große Pfarrkirche. Bei deren Weihe am 6. Mai 1734 huldigten die Mur-

nauer Bürger nicht nur dem Augsburger Weihbischof Sigismund Mayr sondern auch dem Ettaler Abt Placidius.
Die Welt im Ettaler Klostergericht mit seinem Markt Murnau war wieder in Ordnung. Sie blieb es auch; denn bis zur Säkularisation im Jahre 1803 ist von keinen großen „Irrungen“ mehr berichtet.

Der Jägeradam von Iffeldorf

Er hat es zwar nicht zu einer solchen Berühmtheit gebracht wie der Schmied von Kochel, dafür hat es ihn wirklich gegeben, den Adam Schöttl. Sein Anteil am Zustandekommen der Sendlinger Bauernschlacht ist unbestritten. Bei allen Pflegern und Klosterrichtern des Pfaffenwinkels und des hochstiftlich-freisingischen Gebietes Werdenfels war er amtsbekannt unter dem Namen Jägeradam. So lange er in Iffeldorf lebte, war er Untertan des Abtes von Wessobrunn, weil das Benediktinerkloster die dortige Hofmark besaß. 1703 jedoch, als sein Ruhm zu strahlen begann, war der Schöttl Oberjäger in Mittenwald.
Damals kam das bayerische Heer, das den Spanischen Erbfolge-

krieg so erfolgreich begonnen hatte, durch den Tiroler Aufstand in arge Bedrängnis. Kurfürst Max Emanuel, der sich in Mittenwald aufhielt, suchte einen Kundschafter, der ihm wenigstens einigermaßen Klarheit über die Lage in Tirol verschaffen konnte, und der Werdenfelser Pfleger führte ihm den Jägeradam zu. Der Schöttl zeichnete sich dabei so aus, daß er vom Kurfürsten persönlich gelobt und begünstigt wurde. So ist es kein Wunder, daß der Adam auch dann noch treu zum bayerischen Herrscher stand, als dieser längst das Land verlassen hatte müssen. Die Österreicher hatten Bayern besetzt, handhabten mit aller Strenge das Kriegsrecht und preßten die Bauern aus, daß es im Dreißigjährigen Krieg nicht schlimmer gewesen war. Dazu war es diesmal von längerer Dauer. Als dann auch noch bayerische Rekruten für das kaiserlich-österreichische Heer ausgehoben werden sollten, flammte im Unterland die Rebellion auf. Hier im Oberland aber begannen die Vorbereitungen zu dem Bauernaufstand, der München erobern wollte und in der „Sendlinger Mordweihnacht“ endete.
Es war im Dezember 1705. Der Jägeradam war von Anfang an dabei. Er nahm an den Beratungen teil, die das Aufstandskomitee im Tölzer Franziskanerkloster führte. Er war mit von der Partie, als man das „Patent“ aufstellte, jenes Schreiben, in dem der Aufstand begründet und sein zeitlicher Ablauf festgelegt war. Am 20. Dezember begann er seine wichtigste Aufgabe: Er hatte den westlichen Teil des Aufstandsgebietes mit den Klostergerichten Benediktbeuern und Ettal-Murnau sowie den Landgerichten Weilheim und Starnberg zu mobilisieren. Mehr als zwei Tage Zeit blieben ihm dazu nicht. Am 23. Dezember sollten die Bauern schon im Kloster Schäftlarn, dem Sammellager eintreffen.
Weil er in den zwei Tagen allein schon an die hundert Kilometer zurückzulegen hatte, konnte er nicht mehr tun, als die vier Richter und Pfleger aufzusuchen, ihnen vorzumachen, der Kurfürst wolle die Rebellion und sei dabei, in sein Land zurückzukehren, und die Hauptstadt München habe ihren Aufstand mit den Bauern abgesprochen. Dahinter steckte noch die ziemlich offen ausgesprochene Drohung: Wer jetzt nicht für den Kurfürsten den Aufstand wage, werde hernach zur Rechenschaft gezogen.
Beim Klosterrichter von Benediktbeuern hatte der Jägeradam

leichtes Spiel; nahe am Aufstandsherd Tölz standen die Bauern ohnehin in Bereitschaft. Der Pfleger von Ettal-Murnau jedoch fürchtete einen Einfall der österreichischen Truppen, die im nahen Partenkirchen lagen und lehnte eine Beteiligung ab. Der Weilheimer Pfleger Freiherr von Berndorf ließ zweitausend Bauern aufbieten, schickte sie aber am Abend des 21. Dezember wieder nach Hause. Und der Pfleger von Starnberg wollte anscheinend abwarten, was seine Weilheimer und Münchener Nachbarn taten, und so kehrte der Jägeradam zwar recht hoffnungsvoll zum Komitee zurück, wartete aber in Schäftlarn vergeblich auf die Bauernhaufen. Nur von Benediktbeuern kamen sie, bei denen auch der sagenhafte Schmied von Kochel gewesen sein müßte.
Bei der Sendlinger Bauernschlacht am Weihnachtstag 1705 war der Adam Schöttl nicht unter den dreitausend Toten. Bereits 1706 erging die Anweisung an den Pflegsverwalter in Tölz: „Wie die Nachricht gibt, soll sich der Jäger-Adam, so von dem vergangenen Aufstand und anderer Delikte eine führende Rolle gespielt hat, in dem Gebirgsrevier befinden und dort sichtbarlich aufhalten. Wir befehlen dir daher gnädigst, . . . dahin zu sehen, daß er zu verhaft gebracht werde . . .“
Aber der Schöttl Adam kam nicht zu verhaft. Bis zum Friedensschluß im Jahre 1713 konnte er sich versteckt halten, acht Jahre lang. Seinen Lohn empfging er 1715, nachdem auch der Kurfürst wieder nach München zurückgekehrt war: Er bekam die Försterei Höhenkirchen verliehen. Dort starb er im Jahre 1727.

(Daten aus „Der Jägeradam von Iffeldorf“, von Hauptlehrer Peter in Lech-Isar-Land 1938)

Die letzte Wahl eines Propstes zu Beuerberg

Acht Monate vor der Säkularisation brachte das Protokoll über die letzte Propstwahl von Beuerberg Spannungen zwischen Staat und Kirche zutage, wie sie vorher über Jahrhunderte hinweg unbekannt geblieben waren. Dabei begann zunächst alles in dem eingefahreren Gleis alter Tradition.

Nachdem der 46. Propst des Stiftes Beuerberg, Otto Winhart, im 68. Jahre seines Lebens nach langer Krankheit am 30. Juni 1802 um 9 Uhr abends gestorben war, schickte der Dechant einem uralten Herkommen gemäß die Schlüssel der Propstei an die kurfürstliche Regierung nach München. Der Fürstbischof von Freising schlug pflichtgemäß drei Wahltage vor, den 3., 9. und 12. August; daraus wählte der kurfürstliche geistliche Rat zu München den 12. August aus und forderte die 14 Konventualen des Stiftes auf, sich an diesem Tag zur Propstwahl zu versammeln.

Sowohl von der kurtfürstlichen Regierung zu München als auch vom fürstbischöflichen Ordinariat in Freising waren nun Kommissionen zusammenzustellen, die den Wahlakt in Beuerberg durchzuführen hatten.

Nicht ganz reibungslos liefen in Freising die Reisevorbereitungen ab. Mit dem fürstbischöflichen Hofwagen hatte man erst bei der vorletzten Wahlreise Pech gehabt. Weil er so niedere Vorderräder hatte, war man damit in einem Hohlweg steckengeblieben, so daß man „genöthigt war, 8 starke Männer eine halbe Stunde Weges bepackter tragen zu lassen“. Also entlehnten sich die fürstbischöflichen Herren diesmal einen viersitzigen Wagen vom Kloster Neustift und ließen ihn mit vier Pferden der Poststation Freising bespannen. Damit ging es am 10. August bis München; dort wurde übernachtet. Am andern Tag fuhr man morgens um halb acht weiter nach Wolfratshausen, um sich mit der kurfürstlichen Abordnung zu treffen, mit ihr das Mittagsmahl einzunehmen und dann gemeinsam nach Beuerberg zu fahren.

Die kurfürstliche Kommission war aber schon abgefahren und hatte damit etwas erreicht, was nicht dem Herkommen entsprach: Sie war als erste im Stift begrüßt worden. Den nächsten Etiketteverstoß gab es beim Abendessen: „Alle an einer Tafel, an welcher der erste churfürstliche Commissär die rechte Hand, der bischöfliche die linke, dann der zweite churfürstliche Commissär wieder die rechte Seite behauptete."

Am Morgen des Wahltages wurden für die bischöfliche Kommission Plätze innerhalb des Presbyteriums, für die kurfürstliche außerhalb vorbereitet. Dieser Zurücksetzung entgingen die Regierungsvertreter dadurch, daß sie zum Hochamt nicht erschienen.

Bei dem Zug von der Kirche zum Refektorium war aber der kurfürstliche geistliche Rat wieder prompt zur Stelle und „behauptete die rechte Hand". Im Wahlraum selber standen zu aller Verwunderung oben an der Tafel zwei gleiche Stühle und „der churfürstliche Commissär nahm auch wirklich den Platz rechter Hand ein. Der bischöfliche Commissär machte zwar dagegen seine Erinnerung, aber der churfürstliche Commissär behauptete den genommenen Platz mit der Beifügung, daß er der bischöflichen Commission beim eigentlichen Wahlgeschäft den Vorsitz nicht streitig machen werde. Er hielt hierauf eine lateinische Anrede, worin er behauptete, daß die Gestattung einer freien Wahl eine bloße Gnade des Landesherrn sei, welcher wie Gerichtsfacten bezeugen, ehemals die Klostervorstände durch bloße Aufstellung machte."

Als er mit seiner Rede fertig war, schob er seinen Sessel zur Seite und überließ dem bischöflichen Vertreter den Vorsitz allein. Das genügte diesem freilich nicht; er berief sich auf die Vereinbarung von 1774 und forderte den kurfürstlichen Kommissär auf, sich nunmehr zu entfernen. Dies brachte ihm nur die Erwiderung, er sei beauftragt, gegenwärtig zu bleiben. Der Protest dagegen wurde zwar zu Protokoll genommen, hat aber sonst nichts erreicht. „Der churfürstliche Commissär hatte auch verlangt, daß die Vota ihm vorgelegt werden sollten, aber der bischöfliche Herr Commissar that solches nicht, sondern öffnete die Zettel für sich, und erster begnügte sich, selbe von der Seite zu besehen."

Von den 14 Stimmen waren 9 für Paul Hupfauer, 3 für Possidius Sterzer und 2 für Bonifaz Urban abgegeben worden. Hupfauer willigte in die Wahl ein, der kurfürstliche Vertreter gab sogleich seine Zustimmung, forderte aber den Illuminateneid. Ohne diesen abzuwarten begab sich der bischöfliche Notar in die Kirche um den Wahlausgang bekanntzugeben. „Nach meiner Zurückkunft verfügte man sich in die Kirche, auf welchem Zuge der churfürstliche Commissär dem Neolectus (Neugewählten) außer der Kirche zu Rechten, in der Kirche zu Linken ging, ungeachtet der Präses gegen den Vorgang protestierte."

Damit waren die Rangstreitigkeiten anscheinend ausgestanden: „Die Rangordnung bei der Tafel war ganz vertragsgemäß. Nach Tische machten die beiderseitigen Commissäre und andere Gäste einen gemeinschaftlichen Spaziergang ohne Ceremonien und Etiquette in freundschaftlicher Gleichheit und unterhielten sich recht gut. Auch bei der Abendtafel wurde die nämliche Rangordnung beachtet."

Am andern Tag ging sowohl die kirchliche als auch die weltliche Einsetzung reibungslos vor sich. Nach dem Abendessen verzichtete man in beiderseitigem Einvernehmen auf die Abschiedsfeierlichkeiten und am 14, August fuhr die fürstbischöfliche Kommission schon um vier Uhr morgens nach Freising ab, wo sie abends um sieben Uhr „gesund und glücklich" ankam.

Mit dem landesherrlichen Erlaß vom 17. Februar 1803 wurde die Aufhebung der Stifte und Klöster verfügt; mit dem Vollzug am 25. März wurde auch Propst Paul Hupfauer, der 47. und letzte Prälat von Beuerberg mit dem landeseinheitlich festgesetzten Ruhegeld von drei Gulden täglich seines Amtes enthoben.

III

Von den Abenteuern des Spiegelschwaben und den Weilheimer Stückln

Wie der Spiegelschwab in Landsberg, der bayerischen Gränzstadt einzieht, und wie der Zoller von ihm den Judenzoll fordert

Man erzählt: Unser Herr, als er die Welt durchwandert, sei auch nach der bayerischen Gränzstadt Landsberg gekommen. Da habe ihn der Zoller am Tor angeschrien und gefragt: Wer seid's? Woher kommt's? Wohin wollt's? Und was schafft's? Der Fremde habe gesagt: Ich bin Unser Herr, und will ins Bayerland, um meine Schafe zu suchen. Hierauf habe der Zoller gesagt: Da seid's auf dem unrechten Weg; hiesigs Land gibt's keine Schaf, sondern nur Säu. – Diese Geschichte wird erzählt, nicht etwa zum Spott der Bayern, sondern allein, weil sie mit ihren Säuen in aller Welt handeln, was ihnen dann weder Schaden noch Schande bringt.
Der Spiegelschwab wurde auch vom Zoller gefragt, wer er sei und wohin und was er wolle. Der sagte: Er sei, wenn's erlaubt ist, ein Schwab, und er wolle ins Bayerland, eigentlich um erstens ein Weilheimer Stückle zu erfahren, und zweitens den Passauer Tölpel (Spottname für die geborenen Passauer) zu sehen, und drittens, einen Münchner Bock zu trinken. Darauf der Zoller: Das möge er tun; aber vor allem, wenn er Einlaß wolle, müsse er den Judenzoll zahlen. „Kotzkutzakatzakralla!" sagte der Spiegelschwab, meint der Herr etwa, ich sei ein Jud? Ich kann meinen christlichen Vorweis zeigen. . ." Der Zoller sagte: „Er wolle es ungesehen glauben, daß er ein Christenmensch sei, weil er so heidnisch fluchen könne; und er möge daher ungeschoren hingehen, wohin er wolle.

Die Schwaben und das schlechte Geld
Führt der Teufel durch die ganze Welt.

Auf dem Wege nach Weilheim kehrte der Spiegelschwab in einem Batzenhäusle ein. Als er Abschied nahm, sagte er zum Wirt: er wolle ihm noch ein Rätsel zum Besten geben: „Was ist das für ein Ding: es hat keine Nase und riecht doch; es hat keinen Mund und ißt doch; es hat keine Hände und greift doch; es hat keine Füße und geht doch. Jetzt ratet!" Der Wirt gab sich gefangen. Der Spiegelschwab sagte: es sei ein Bayer. Die Bayern hätten keine Nase, sondern einen Schmecker; keine Ohren, sondern Loser; sie hätten keinen Mund, sondern eine Fotze; sie hätten keine Hände und Füße, sondern Bratzen und Haxen. Es war ein Glück für den Spiegelschwaben, daß er die Schnalle schon in der Hand hatte, und hinaus wischte. Er hätte sonst einen tüchtigen Guß zum Gruß mit auf den Weg bekommen.

Wahrheit ist ein seltnes Kraut,
Noch seltner, daß sie wohl verdaut.

Wie der Spiegelschwab von den Weilheimer Stücklein erfährt

„Bei Weilheim liegt ein Berg, der heißt der Eselsberg. Man erzählt, daß er den Namen davon erhalten habe: Es sei ein Landstürzer nach Weilheim gekommen, der habe den Weilheimern versprochen, er wolle ihnen ein Mittel geben, wie sie auf wohlfeile Art zu Eseln kommen könnten, woran in ihrer Stadt so sehr Mangel sei. Und er bot ihnen zum Kauf Eselseier an – es waren aber große Enteneier. Diese Eier, sagte er, solle einer von ihnen ausbrüten; es müßte aber der Bürgermeister selber sein. Also wurden sie des Handels eins, und der Bürgermeister setzte sich, oben auf dem Berg, über das Nest und brütete aus. Weil es ihm aber zu lang und zu bang wurde auf dem Nest, so ruckte er mit dem Hintern, und da fiel ein Ei heraus, und wargelte den Berg hinab ins Gebüsch hinein. Unten hockte ein Has, der wurde aus seinem Lager aufgeschreckt und lief davon. Wie der Bürgermeister von Weilheim das Ding fortlaufen sah, vermeinte er, es sei ein junger Esel, der aus dem Ei ausgekrochen. Und so schrie er, was er konnte: „Hieher Büberl; siehst du denn nicht, wo dein Vater ist?“ Also wird erzählt; es kann aber auch gelogen sein. Gewiß ist aber, daß seit der Zeit die Weilheimer keinen Mangel mehr gehabt haben an Eseln.“

So erzählte dem Spiegelschwaben ein Buchführer aus Kohlgrub, der ihm sagte, er solle nur beim Bräuwastl einkehren, der wisse ihm noch mehr zu sagen von Weilheimer Stückeln.

Dies ist ein treffliches, fruchtbares Land,
Die Narren wachsen ungesehen hinter der Wand.

„Etwas ist dran," sagte der Bräuwastl, „aber nicht alles. Glaubwürdigen Nachrichten zufolge stand nämlich da, wo jetzt Weilheim steht, eine uralte Stadt Namens Lalenburg, deren Einwohner wegen ihrer dummen und albernen Streiche weltberühmt geworden. Durch einen Unfall ohnegleichen ist ihre Stadt zerstört worden, und die Einwohner selbst haben sich zerstreut. Daher kommt es eben, daß nicht leicht eine Stadt sei, wo nicht Nachkommen dieser Lale sich vorfinden. Am meisten mögen sie sich jedoch freilich zu Schilda in Sachsen, zu Hirschau in der Oberpfalz und allhier zu Weilheim angesiedelt haben.

Es wachsen ohne Dung und Pflug
Die Toren überall genug."

Des andern Tags, wie der Spiegelschwab durch die Stadt ging, fielen ihm sogleich im Vorbeigehen noch einige Stücklein auf die Nase. Einer fuhr mit einem geladenen Mistwagen vorbei; und als ihn einer fragte, warum er wieder umkehrte, sagte er: er habe die Mistgabel vergessen und müsse sie holen. – Ein Zimmermann saß auf einer hölzernen Dachrinne oben am Haus und sägte sie ab; er saß aber auf dem letzten Teil und fiel damit herab. An einer Haustür war ein Mann beschäftigt, neben einem großen Loch, wo die Katze aus- und einschleichen konnte, zwei kleinere zu machen; auf die Frage, warum er das täte, sagte er: „Die Katze hat zwei Junge geworfen; ich tu es drum, daß sie auch aus und ein können." Als er unter das Tor kam, stand ein leerer Heuwagen drunter, auf dem der Wiesbaum quer über lag, so daß also der Wagen nicht zum Tore herein konnte. Der Knecht besann sich nicht lange, sondern holte eine Säge und sägte den Wiesbaum mitten entzwei. – Herrgott von Buxheim! rief der Spiegelschwab aus; welch ein lustiges Leben muß es in einer Stadt sein, wo täglich und stündlich solche Streiche blühen!

Gält einen Batzen jeder Streich,
Wir wären noch einmal so reich!

Wie der Spiegelschwab in die Hölle kommt, und was er dort erfährt

Eine Stunde außerhalb Weilheim, auf dem Weg nach dem heiligen Berg Andex, fiel ihm ein, gehört zu haben, daß in Polling extra gutes Bier zu trinken sei. Also scheute er nicht den Umweg und ging wieder zurück und dahin. Und es schmeckte ihm gut. Das hörte der Abt des Klosters, ein leutseliger Herr, und es wurde ihm hinterbracht: im Trinkstüble sitze ein Schwab, der könne saufen trotz einem Bayern. Der Abt sagte, man solle ihm genug geben und umsonst. Und der Spiegelschwab profitierte auch von der gnädigen Erlaubnis, und er trank und sagte eins ums andere Mal: das müsse man sagen, und es sei wahr: im Kloster ist ein Leben wie im Himmel. Und er guckte so oft und so lange in die Bierbütsche, bis sein Himmel, das Capitolium (Oberstübchen), sternvoll wurde und er bewußtlos dalag, wie ein Schwein.
Das wurde dem Abt hinterbracht; und der sagte: „Weil denn der Schwab den Himmel verkostet, so solle er auch die Hölle verkosten.“ Und also ließ er ihn in ein kuhfinsteres Kellerloch tragen.

Des andern Tags, wie der Spiegelschwab erwachte und sich den Rausch aus den Augen rieb, standen zwei kohlschwarze Männer vor ihm mit Fackeln in der Hand; und auf die Frage des Spiegelschwaben: wo bin ich denn? sagten sie: „In der Hölle!" Und sie gaben ihm allsogleich den Willkommen, wie's im Zuchthaus und in der Hölle herkömmlich ist. Dann ließen sie ihn allein in der schrecklichen Finsternis, und es war da Zähneklappern; und er hatte nun Zeit, über sich und das menschliche Elend nachzudenken.
Um Mittag kamen die beiden Teufel wieder und brachten ihm einen Laib Brot, das schier aussah, wie ein Pechkuchen. Der Spiegelschwab sagte: es täte ihn nicht hungern, wohl aber dursten. Und er dachte sich: Ach, hätte ich nur ein Tröpflein Gerstensaft von gestern! Die Teufel aber gingen abermals fort, ohne ein Wort zu sagen; und der Spiegelschwab saß wieder allein da in der Finsternis der Hölle. Er fing nun an, an dem Brotlaib mehr zu sutzeln, als zu beißen; aber es schmeckte wie pures Salz, und es durstete ihn noch ärger, also, daß er an dem feuchten Gemäuer umher kroch und die Wassertropfen, die daran hingen, ableckte. Indem er so im Finstern umhertappte, da stieß er an etwas, das sich anfühlte wie ein Faß. Und es war auch eines, und zwar ein volles. Er zapfte es sogleich an – und das Anzapfen verstand er – und soff wie ein Bürstenbinder, und wurde in dem Maße voll, als das Faß leer wurde. Und so fanden denn abends die beiden Männer wieder den schnarchenden Spiegelschwaben; und sie trugen ihn fort und hinaus in den Straßengraben, wo sie ihn liegen ließen.
Des Morgens, wie er erwachte, und sich auf das besann, was ihm begegnete, schwor er bei Stein und Bein: er wolle sich vor dem bayerischen Bier in Acht nehmen, und keinen Tropfen mehr trinken, als höchstens sechs Mäßle auf einen Sitz.

Zusagen und halten
Steht wohl bei Jungen und Alten.

Von einem Abenteuer, das der Spiegelschwab mit einem Pfaffen gehabt

Wenn die Höllenqualen bekehren würden, so wäre der Teufel schon längst ein Heiliger. Bei dem Spiegelschwaben hat die Hölle auch nichts verfangen. Davon gibt folgendes Stücklein ein Zeugnis. Vor Pähl, auf der Straße, begegnete ihm ein Pfaffe; der trug auf seinen Schultern eine Geldkatze voll Opferpfennige, und er schmunzelte unter der liebwerten Last, wie einer, der sein Schätzle heimführt. Der Schwab dachte sich: Dem will ich tapfer einheizen, daß er ein paar Güldele schwitzen muß. Und er ging auf ihn zu, und sagte: Mit Verlaub! Ich will euch die Last da abnehmen. Der Fachsenmacher wollte nur einen Possen spielen, wie er zu tun pflegte; aber der Herr nahm's für baren Ernst, und er stellte sich und sagte: „Hebe dich hinweg, Swabe!"
Donner und Wetter! wie schwoll da dem Spiegelschwaben der Kamm! Hätte er ihn einen Stockböhmen, einen Kalmucken geschimpft, oder noch was Ärgeres, es hätte ihn wahrlich nicht so sehr verschmacht. „Was, Schwabe?" sagte der Schwabe, und hielt dem Schwarzrock die Faust unter das Kinn, und fipperte vor Zorn. Indes nahm der dicke Herr seine Hilfe zur geistlichen Waffe, und er rief mit aufgehobener Hand die Bannformel über ihn aus: Si quis – und so weiter. Der Spiegelschwab verstand zwar kein Latein; aber er gneißte doch, es sei dies so eine von den Zauberformeln; und wie er denn von Haus aus ein Hasenfuß war in solchen Dingen, so zog er

andere Saiten auf und sagte: Leids wolle er ihm just nicht antun; aber Schimpf könne er auch nicht so auf sich sitzen lassen; er möchte ihm daher ein paar Güldele geben, zum Beweis, daß ers nicht übel gemeint. Dies tat denn auch der geistliche Herr, zwar ungern, aber doch froh, daß er den schwäbischen Landstürzer um so wohlfeilen Preis sich vom Leibe geschafft.

Das wird erfahren oft und dick,
Je ärger der Schalk, je beser das Glück.

(Wörtlich und nur leicht gekürzt aus „Das Volksbüchlein" von Ludwig Aurbacher, der 1784 in der schwäbischen Stadt Türkheim geboren wurde und 1847 als Professor der deutschen Literatur in München starb.)

Das Gras auf der Stadtmauer

Es hat immer wieder einmal notige Zeiten gegeben; und wie die Weilheimer eines schönen Tages nicht mehr wußten, womit sie ihren Stadtochsen füttern sollten, da fiel ihnen das Gras in die Augen, das oben auf der zerbröckelnden Stadtmauer wuchs. Es erschien ihnen als wohlverdientes Glück, daß der Föhnwind dort allerhand Samen angeweht hatte, der in dem bröckligen Tuff Wurzeln fassen konnte. Es kam ihnen so vor, als wäre der frommen Stadt das Gras für einen Ochsen vom Himmel zugefallen, wie einst dem Volk Israel das Manna in der Wüste. Und weil auch der ausgemergelte Ochse sehnsüchtig hinaufbrüllte, erfaßten die Bürger schnell den Zusammenhang und sagten sich: Es ist keine Schande für die Stadt und kann uns bloß zum Ruhm gereichen, wenn wir dem offenkundigen Antrag unseres Stadtochsen augenblicklich zustimmen.
Der Beschluß war schnell gefaßt. Es erwies sich aber gar nicht so leicht, ihn in die Tat umzusetzen. Die Mauer war so hoch, daß der Ochse nicht hinaufreichen konnte. Und wenn auch gleich alle

Schneider mit ihren Ellen zum Nachmessen kamen, sie wurde nicht niedriger davon. Also behielten die Schuster Recht mit ihrer Meinung, da fehle es um einen ganzen Bauernschuh. Die Maurer hatten einen Einfall, nämlich die Steine alle abzutragen, dann käme man schon an das Gras. Inzwischen hatten jedoch die Zimmerer eine lange Leiter angeschleppt, bloß war der Ochse nicht dazu zu bewegen, daran hinaufzusteigen. Die Schmiede brachten Sensen, damit man das Gras abmähe, nur war kein Mensch bereit, auf so schwindelnde Höhen zu klettern. Als man schon drauf und dran war, den Büchsenmachern zu folgen, die vorschlugen, das Gras herunterzuschießen, da schleppten die Seiler ein Mordstrumm dikken Strick an, von dem die allermeisten meinten, darauf sollte sich der Ochse als Seiltänzer probieren. Der Bürgermeister aber hob den Finger und rief mit heller Stimme: Das ist die Lösung!

Also banden sie das eine Ende des Strickes dem Ochsen um den Hals, warfen das andere über die Mauer und zogen. Alle an einem Strick; weil keine zwei da waren.

Sie hatten den Ochsen auch bald oben, und weil er seine Zunge weit aus dem Maul hängen ließ, riefen die Weiber: Schaut nur, wie er nach dem Fressen giert! Weil er jedoch nicht viel von den Weibern hielt, fraß der Ochse nicht. Nicht einmal dann, als sie einen Franziskaner aus dem Kloster holten, daß er dem Vieh gut zurede. Nicht einen einzigen Grasbüschel nahm er ins Maul.

Da legten sich die Bierbrauer ins Zeug und meinten: Wenn einem die Zunge raushängt und er mag nicht fressen, dann hat er Durst! Augenblicklich machten sie sich daran, die Fässer aus den Kellern zu holen und herbeizurollen.

Das mit dem Durst leuchtete den Weilheimer sofort ein. Also ließen sie den Ochsen wieder herunter. Er konnte nicht mehr stehen, und drum holte man den Bader, daß er ihn vielleicht zur Ader läßt. Aber da war nichts mehr zu machen. Weil es aber der notigen Zeiten wegen viele hungrige Weilheimer gab, kam bald die Meinung auf: Das gute Tier hat sich für uns geopfert! Also fing ein großes Metzgern an; mit dem Bier, das die Brauer herbeigerollt hatten, ließ man den Ochsen hochleben und war alsbald bester Dinge.

Das Gras wächst heute noch auf der Stadtmauer zum Gedenken an jenen ruhmreichen Tag.

Der Galgendieb

Einmal hatte sich in die Stadt Weilheim ein Dieb eingeschlichen, der war so dreist, daß er sogar dem Nachtwächter das Licht aus der Laterne stahl. Das wird jedem einleuchten, daß er bei solcher Finsternis überhaupt nimmer zu finden war. Darum drohte ihm der Stadtrichter an, ihn augenblicklich an den Galgen zu bringen – wenn er ihn erst hätte.

Aber der Gauner und Erzschelm wußte sich auch hier zu helfen; am andern Tag war draußen, vom Richtplatz in Töllern, der Galgen gestohlen!

Nach dieser Untat scheint der Dieb übermütig geworden zu sein. Wie er dem Henker auch noch den Strick stehlen wollte, am hellichten Tag, da packte ihn dieser am Schlafittchen und schleppte ihn vor das Gericht.

Das Urteil war schnell gesprochen. Wie aber hätte der Dieb aufgehängt werden sollen, wenn kein Galgen mehr da war?

Zum Glück war man in Weilheim um Einfälle nie verlegen, so kam er auch hier von den Kistlern und Zimmerleuten. Sie boten sich an, einen der ihren in die Nachbarstadt Landsberg zu schicken, daß er anfrage, ob sie nicht bereit wären, den Dieb an ihrem Galgen zu hängen.

Das wollten die Landsberger gerne tun; gegen die übliche Tax, die da gilt: für den Nachrichter acht Gulden, für seine Knechte vier, für den Seiler zwei und für den Kapuziner einen Gulden. Billiger war so ein Dieb halt einmal nicht loszubringen.

Weil aber grad Erntezeit war und jeder seine Gerste einbringen mußte, sonst hätte er nichts zum Bier brauen gehabt, war niemand bereit, den Dieb nach Landsberg zu geleiten, wie es eigentlich nach Recht und Fug hätte geschehen sollen. Aber die Weilheimer meinten, es würd ihnen schon nicht gleich jemand dahinterkommen, wenn sie einmal gegen das Gesetz verstoßen täten. Also händigten sie dem Dieb die 15 Gulden aus, gegen Quittung, selbstverständlich, gaben ihm auch noch einen halben Gulden Zehrgeld dazu und trugen ihm auf, den Landsberger Henker recht schön zu grüßen, und er sollte halt ein Einsehen haben, wegen der Gerstenernte für das liebe Bier. Dann beschrieben sie dem Galgendieb noch den genauen Weg und schickten ihn mit allen guten Wünschen auf seinen schweren Gang.
Irgendwas muß freilich dazwischengekommen sein; denn die Landsberger behaupteten bei Ehr und Seligkeit, weder den Dieb noch das Geld jemals zu Gesicht gekriegt zu haben. Drum machten sich die Weilheimer schon ein rechtes Gewissen draus, daß sie den Mann ohne Schutz und Geleit einen so langen Weg antreten ließen. Weil man aber nie hörte, daß da ein Straßenraub oder gar ein Mord geschehen sei, beruhigten sie sich wieder.
Schad war ja bloß um das schöne Geld; denn dafür, wenn sie's richtig bedachten, wären glatt zwei neue Galgen zu kriegen gewesen!

Wie die Weilheimer eine Sau aufgehoben haben

Mit ihren Landesherren scheint sich die kurfürstliche Stadt Weilheim nicht immer ganz leicht getan zu haben. Es gibt gleich drei Weilheimer Stückl, die sich um Kurfürstenbesuche drehen. Jedes gereicht den Weilheimern zwar zu einem schildbürgerhaften Ruhm aber keineswegs zur Ehre; am wenigsten das, bei dem sie eine Sau aufgehoben haben.
Dabei muß man wissen, daß dies eine alltägliche Redensart war, in der Stadt; wenn einer etwas anpacken mußte, bei dem er von vorneherein wußte, daß er's nicht richtig zusammenbringt und sich höchstens blamieren kann, dabei, dann sagte man: „Da moan i allerweil, wer i a Sau aufhebn!"
Der damalige Kurfürst kannte diese Redensart nicht. Er hat auch keine Ahnung davon haben können, wo sie ihren Ursprung hatte, weil er ja in Weilheim noch nie bei einem Preisschießen dabeigewesen war. Bei diesem Ereignis gab es nämlich für den Letzten, also für den, der am meisten danebengeschossen hatte, auch noch einen Preis: eine Sau, eine ausgewachsene Zweieinhalbzentnersau. Vorausgesetzt allerdings, daß er sie aufheben konnte! Man hat sie nämlich bei der Preisverteilung laufen lassen, die Buben sind ihr nach und haben sie durch die Gassen der Stadt getrieben, mit Stecken und einem solchen Geplärr, daß die Sau ganz stocknarrisch gewor-

den ist. Und wenn sie der, der sie gewonnen hat, heimtragen hat wollen, dann hat er sie eben vorher aufheben müssen.
In der ganzen 750-jährigen Stadtgeschichte ist kein einziger Fall bekannt, bei dem dies einer zusammengebracht hätte. Blamiert hat sich jeder, und ein Gespött abgegeben für die Leut, so gewiß wie zwei mal zwei vier ist.
Von all dem hat der Kurfürst, wie gesagt, keine Ahnung gehabt. Und wie in Weilheim wieder einmal ein Preisschießen ausgeschrieben war, da hat er seinen Besuch ansagen lassen. Und wie man das dem Bürgermeister vermeldet hat, ist es ihm herausgerutscht: „Auwehzwick! Da moan i allerweil, wern mir a Sau aufhebn, dabei!"
Es hat nämlich kein Mensch eine Ahnung davon gehabt, mit welchen Zeremonien der Kurfürst zu empfangen ist. Der Stadtschreiber hat den halben Vormittag lang in seinem Verhau herumgesucht, und was ihn selber am meisten verwundert hat, das war, daß er ihn schließlich wirklich gefunden hat, den Wisch, auf dem zu lesen war: „Dem Churfürsten gebühret es, am Stadtthore empfangen zu werden von wo aus er sich, auf Teppichen schreitend zum Rathhause begeben wird."
Weil aber in der ganzen Stadt bloß drei Teppiche aufzutreiben waren, hat der Bürgermeister noch einmal prophezeit: „Also, wenn mir da koa Sau aufhebn, dann hoaß i Hans!"
Der Lodweber aber hat gesagt: „Net wahr!" hat er gesagt, „wenn ich mir das so überleg, net wahr, dann müssen wir eben schauen, wie wir mit den drei Teppichen auskommen, net wahr! Und drum schlage ich vor, net wahr, daß wir sie am Schmiedtor auslegen, net wahr, einen hinter den andern. Und meine langhaxerten Weberknecht, net wahr," hat er gesagt, der Lodweber, „die stellen sich neben den ersten Teppich, net wahr, und sobald der Kurfürst auf dem zweiten schreitet, net wahr, dann packen die den ersten Teppich, net wahr, sausen außen rum wie die gstutzten Hund, net wahr, und legen ihn vorn wieder hin! Und, das ist jetzt die Hauptsach, net wahr, dann sausen s' zrück und holen den zweiten, net wahr, und immer so weiter, bis daß der Kurfürst zum Rathaus geschritten ist. Wenn ich mir das so vorstell, net wahr, muß einem jeden einleuchten, net wahr, daß wir gar keine andere Möglichkeit haben."
Da hat jedermann das Maul aufgesperrt, vor Staunen, wie der Lod-

weber das, nicht wahr, erklärt hat. Und der Bürgermeister hat den Lodweber angeschaut wie das siebte Weltwunder und hat sich zu dem höchsten Lob verstiegen, desen er überhaupt mächtig war und hat gesagt: „Lodweber, a Hund bist scho!“ Und er hat jedem von den Weberknechten drei Maß Bier versprochen, für den Durst, den sie bei der Arbeit kriegen.
Sie haben aber den Durst schon davor gehabt.
Trotzdem sind sie dagestanden, wie die leibhaftige Teppichgarde, als der Kurfürst am Schmiedtor vorgefahren ist. Und der Lodweber hat keine Angst gehabt sondern hat dem Bürgermeister noch gesagt: „Net wahr!“ hat er gesagt, „was so ein richtiger Weberknecht ist, der kommt nach der dritten Maß erst richtig in Schwung!“ Und wirklich, wie der Kurfürst, huldvoll winkend auf den zweiten Teppich geschritten ist, da schießen sie schon auf den ersten los, haben ihn in den Pratzen, sausen damit vor den dritten, legen ihn hin und sind schon wieder unterwegs, packen den zweiten, das geht wie geschmiert! Wenn es ihnen gleich den Schweiß hinaustreibt, daß ihnen hören und sehen vergeht; vor allem das Sehen. Wie es nämlich am Platz vorne ums Eck geht, da spannen sie nicht, die Deppen, daß sie den Teppich wegziehen, auf dem der Kurfürst immer noch schreitet! Platsch! liegt er schon da, auf seinem Höchstderoallerwertesten.
Der Bürgermeister ist natürlich sofort parat, daß er ihn zusammenklaubt; aber grad in dem Moment, wie er ihn wieder auf die landesherrlichen Füße stellt, muß ihm das einfallen, was er am Vormittag prophezeit hat, und er plärrt grad hinaus: „Hab i's net gsagt, daß i no a Sau aufhebn wer, heut?“
Das der Kurfürst hören, umdrehen und naus bei der Stadt, das war eins. Ohne Teppiche! Da kannst nichts machen, bei so hohen Herren, wenn sie erst einmal ihren Gickel aufgesetzt haben.
Vielleicht war es gut so. Wenn man sich vorstellt, er wäre beim Preisschießen dageblieben und hätte am meisten danebengeschossen! So, wie man die Weilheimer kennt, hätten die doch nochmal ein Stückl draus gemacht, wenn der Kurfürst nicht recht gewußt hätte, wie er das anstellen hätte sollen, daß er eine Sau aufhebt. Und wenn man drandenkt, wie er vielleicht eine noch viel größere Wut gekriegt hätte, wenn er sich blamiert hätte, zum Gespött der

ganzen Leut, wenn man sich das alles so vorstellt, muß man den Weberknechten heute noch dankbar sein, daß es ihrethalber wenigstens einigermaßen glimpflich abgegangen ist, damals, mit dem Kurfürstenbesuch.

Der Ratstisch aus zwölferlei Holz mindestens

Wie die Weilheimer ihr neues Rathaus gebaut haben, da ist ihnen der Gickel so gewaltig gestiegen, daß sie sich gesagt haben: Jetzt muß auch noch ein zünftiger Tisch her, aus zwölferlei Holz mindestens. Und er muß so groß sein, der Ratstisch, daß der ganze Magistrat dran Platz hat, ohne daß einer den andern mit dem Ellerbogen rempeln kann.

Wie der Tisch fertig war, haben sich die Weilheimer unheimlich viel darauf eingebildet. Wer auch immer in die Stadt gekommen ist, ob es nun ein Handwerksbursche aus der Kaiserstadt Wien war oder ein fahrender Schüler aus Paris, er wurde ins Rathaus geführt und mußte den Tisch anschauen, aus zwölferlei Holz mindestens.

Einmal sind sogar ein paar Nürnberger Kaufleute in die Stadt Weilheim gekommen und zu dem Tisch geführt worden. Die staunten nicht schlecht, aber bloß innerlich. Äußerlich ließen sie sich nichts anmerken, weil sie als echte fränkische Reichsstätter nicht um alles in der Welt zugeben hätten können, daß sie etwas bewunderten, was außerhalb von Nürnberg entstanden war. Also nickten sie bloß beifällig über die saubere Arbeit aus zwölferlei Holz mindestens, meinten aber, sie in Nürnberg hätten in ihrem Rathaus auch so einen ähnlichen Tisch. Er wäre zwar nicht ganz so groß und auch nicht aus zwölferlei Holz mindestens, dafür hätten sie eine Staatsdecke über die fichtenen Bretter der Tischplatte liegen. Und diese Staatsdecke wäre so kostbar und wertvoll, daß sich beispielsmäßig nicht einmal der König von Tripstrill hineinschneuzen hat trauen, wie er einmal durch Nürnberg gekommen ist. Lieber hat er das königliche Rotz hinaufgezogen.

Das mit der Staatsdecke hat die Weilheimer so gewurmt, daß sie sich gesagt haben: Das kann man nie wissen, ob nicht der König von Tripstrill auch einmal zu uns kommt; wo wir so berühmt sind, durch unsern Tisch. Und wenn dieser König kommen tät, und wir hätten keine Staatsdecke, in die wo sich der nicht hineinschneuzen traut, dann stünden wir sauber da, mit unserem Ratstisch aus zwölferlei Holz mindestens. Bevor wir uns so blamieren, müssen wir etwas tun!

Also haben sie beschlossen, daß ein paar Weilheimer schleunigst

nach Nürnberg hinauf müssen und schauen, daß sie eine Staatsdekke auftreiben. Sie haben den Roßhändler geschickt, weil der am besten handeln hat können und den Nachtwächter, damit die Staatsdecke unterwegs nicht gestohlen wird, in der Dunkelheit.
Den Weg nach Nürnberg haben die zwei von Anfang an nicht gefunden, weil sie nämlich beim verkehrten Stadttor hinaus sind. Aber der Roßhändler hat die Stadt Nürnberg gar nicht gebraucht. Auf dem Bozner Markt hat er eine Roßdecke erstanden, zu einem Preis, wie sie in Weilheim auch nicht viel billiger zu kriegen gewesen wäre. Damit war auch der Nachtwächter zufrieden, weil er sich gesagt hat, wegen so einem Hadern braucht er nicht die ganze Nacht wach zu bleiben; den stiehlt ihm schon keiner.
So haben sie denn die Decke gut nach Weilheim gebracht und sind auch gleich gelobt worden, weil sie so billig eingekauft haben. Als man aber die Decke auf den Tisch legen wollte, stellte sich heraus, daß sie hinten und vorne zu kurz war, und links und rechts auch. Bloß in der Mitte hat sie gepaßt; und da nicht richtig. Jetzt haben die einen hingezogen, dann hat es bei den anderen nicht gepaßt, und die anderen haben hergezogen, dann hat es bei den einen nicht gepaßt. Es ist nichts herausgekommen, bei dem ganzen Hin und Her; wie's im Rathaus halt so geht.
Weil sie sich nicht drauf einigen haben können, auf welcher Seite daß die Decke zu kurz ist, haben sie beschlossen: Der Tisch ist zu lang! Und sie haben ihn an allen vier Seiten abgeschnitten, den Prachttisch aus zwölferlei Holz mindestens.
Dabei muß nun freilich wieder was schief gegangen sein. Jetzt war nämlich auf einmal der Tisch zu klein und die Decke zu groß! Da sind sie mit den Ellerbogen zusammengerumpelt!
Zum Glück ist ihnen die Botschaft zugetragen worden, daß der König von Tripstrill gestorben ist. Jetzt war es ja Wurst! Jetzt haben sie einen Tisch machen lassen können aus fichtenen Brettern wie die Nürnberger – und Staatsdecke haben sie keine mehr gebraucht, weil ja niemand mehr auf der Welt war, der sich da nicht hineinschneuzen trauen hätte sollen, wenn ihn der Zufall vielleicht einmal nach Weilheim verschlagen hätte, um unbedingt den Rathaustisch anzuschauen, aus zwölferlei Holz mindestens.
Es ist bloß gut, daß auch der König von Tripstrill nicht ewig lebt!

Weilheimer Handarbeit

A Bauer hat mi'm Ochsenkarrn
selbigsmal an Mist nausgfahrn.

Am Acker, weit drauß vor der Stadt,
spannt er, daß er koa Gabel hat.

„A so a Gfrett! Des is jetz dumm!"
schimpft er und kehrt wieder um.

Scho glei dahoam, denkt er: „Am End
gaangert's zur Not aa mit de Händ!"

„Wiast, Schimme!" schreit er, macht a Reibn
und tuat wieder ans Feld naustreibn.

Und seitdem lobt ma weit und breit
D' Weilheimer eahna Handarbeit.

Das Eselsei

Da war einmal ein Landrichter in Weilheim, der hatte so hoch studiert, daß er im praktischen Leben überhaupt nicht mehr zurechtkam. Außerdem hatte er ein Rudel Kinder und deswegen immerzu Angst, das Geld könnte ihm hinten und vorne nicht reichen. So war er bald landgerichtauf, landgerichtab als der größte Geizhals verschrieen, den man sich vorstellen kann.

So groß sein Landgericht auch war, er leistete sich kein Pferd um damit von einem Ende ans andere kommen zu können, geschweige denn eine Kutsche. Zu Fuß latschte er herum, weil ihm sogar ein Esel unerschwinglich teuer vorgekommen ist.

Einmal, wie er gerade wieder auf der alten Weinstraße dahinging, holte ihn ein Tiroler Eseltreiber ein; mit dem kam der Landrichter in ein Gespräch. Der Tiroler hatte nämlich seinen Tieren allerhand Ware aufgepackt, darunter auch gewaltige, goldgelbe Kugeln, schier so groß wie der zu einer ausgesprochenen Wampe geratene Bauch des Treibers. Diese Kugeln hatten es dem Landrichter angetan. Er hatte sich nämlich wohl erinnern können, solche schon einmal gesehen zu haben, konnte sich aber nicht mehr vorstellen, was es damit für eine Bewandtnis habe. Also begann er, so hintenherum, den Tiroler danach auszufragen. Der spannte bald, wo der Bartl den Most holt und sagte einfach so nach obenhin: Der hohe Herr könne sich wohl denken, wie achtsam man mit solchen Eselseiern umgehen müsse, besonders mit dem einen da, das schon so weit gebrütet sei, daß noch heute der kleine Esel schlüpfen müsse. Das gab dem Landrichter einen Riß! Wenn auch ein Esel unerschwinglich teuer für ihn war, ein Eselsei, das wäre doch gelacht, ein Eselsei müßte sich ein Landrichter doch schließlich noch leisten können! Freilich – und das mußte er dem Tiroler schon sagen – wäre das für einen Mann wie ihn doch ziemlich wertlos, weil er keinen Brutesel besitze. Aber der Tiroler schüttelte den Kopf und beteuerte, er lasse die Eier auch nicht von den Eseln ausbrüten; die gäben nicht genug obacht und so ein Ei wäre schneller zerbrochen, als man meinte. Er brüte alle seine Eier selber aus und zwar an so einem heißen Sonnentag wie den heutigen. Da setze er sich oben an einen sonnenbeschienenen Hang, so etwa wie den da drüben – dabei zeigte er mit dem Peitschenstiel zum Gögerl hinüber, und bei dem einen Ei, da tät es nimmer länger als zwei oder drei Stunden dauern und das Eselchen wäre da.

Das sind Zufälle, wie sie einem nicht jeden Tag begegnen! Da durften einen nicht einmal die anderthalb Gulden reuen, auf die sich der Tiroler nach langem Hin und Her herunterhandeln ließ. Und weil der Landrichter die Nachmittagssonne nicht ungenützt herunterbrennen lassen wollte, begab er sich mit seinem Eselsei augenblicklich zum Gögerlhang hinüber, setzte sich behutsam über sein Ei und ließ seinen Gedanken freien Lauf, die über nichts anderes kreisten als um seinen Esel, der ihn schon hinwegtrug über all die holprigen Straßen und ihn schaukelte und wiegte, er ritt nicht mehr, nein er schwebte über sein Landgericht hinweg bis – hopp! Der Landrichter erwachte.

Sein Ei jedoch, sein Eselsei, das kollerte den Hang hinunter und landete, eh er's versah, in einer Haselstauden, schlupp! Schon sprang's heraus und rannte, rannte über die Wiesen auf und davon. Wenn ihm auch der Landrichter aus vollem Halse rief und rief, das Eselein möge doch seinem Vater nicht davonlaufen, der es ausgebrütet habe, es verschwand hinterm Katzenbuckel und war nicht wieder zu sehen.

Ein Bauer, der beim Heu machen war, schaute nach, ob dem Landrichter etwas passiert sei. Dieser Bauer schwor Stein und Bein, was da aus der Staude herausgesprungen sei, das wäre ein Hase gewesen; und was noch drinnen liegt, das wäre ein Kürbis, ziemlich mit-

genommen freilich und zerfleddert. Aber ein Eselsei wäre das seiner Lebtag nicht gewesen. Er tröstete aber den Landrichter damit, daß der Mensch wohl manchmal so ein Zeug zusammenträumen könne, daß er sich hinten und vorne nicht mehr auskenne; besonders an so warmen Sonnentagen.
So hätte der Landrichter wenigstens seinen Ruf als gescheiter Kopf wahren können, wenn er nicht stehenden Fußes in die Stadt gerannt wäre, um alle seine Schergen nach dem Tiroler auszuschicken. Der war aber längst über alle Berge.

IV
Von den Geheimnissen, die in Tieren und Pflanzen verborgen sind

Der Angang

In der Morgenfrüh, wenn der Tag noch jung und unentweiht, wenn man über das Land geht, was einem zuerst begegnet, das nennt man den Angang und bedeutet Gutes oder Übles, je nachdem. Ein altes Weib, ein Geistlicher, ein Weib mit aufgelöstem Haar, das sind schlechte Angänge, sollte man lieber umkehren. Eine Hure dagegen bringt Glück; darum sind die ledigen Kinder auch so häufig Glückskinder. Schweine sind schlechte, Schafe hingegen gute Zeichen. Ganz von übler Vorbedeutung ist es, wenn ein Hase über den Weg springt, da sagt man gern: „Has, Has, Langohr, bist eine Hex, bewahr mich Gott davor." Auch von dem Wiesel hat man gar einen schlechten Glauben. Ebenso ist die Eidechse ein geschiechenes Tier, ist giftig und soll aus fleischlicher Vermischung von Hexen und dem bösen Feind herstammen. Ein schwarzer Hahn, eine schwarze Katze und ein schwarzer Bock können am leichtesten verhext werden, sind darum üble Zeichen. Doch sind sie im Haus selbst auch wieder gut, denn wenn sie da sind, kann ein Haus nit leicht angezündet werden.

Besonders von den Katzen weiß man nicht recht, was man davon halten soll. Raben dagegen, Krähen, Störche, Schwalben sind dem Menschen glückbringende Tiere, und soll man keine schießen, das bringt ganzen Gemeinden Unglück. Elstern sind Galgenvögel, bedeuten für das vorhabende Geschäft einen ganzen verlorenen Tag. Das Ächzen der Käuzlein zeigt ein Sterben an; ebenso die Atter, wenn sie klappert; die Schermaus (der Maulwurf) wenn sie nahe den menschlichen Wohnungen aufwirft.

Alle Geschichten in diesem Kapitel sind – zum Teil gekürzt aber zumeist im Wortlaut – den „Erzählungen aus dem Lechrain" entnommen, die Karl Freiherr von Leoprechting im Jahre 1855 veröffentlicht hat.

Von Bäumen, Kräutern und Wurzeln

Bewahrung vor Krankheiten und Seuchen, Heilung böser Siechtage, Bannung feindlichen Zaubers birgt der Kräuter und Wurzen reicher Hort. Die Verehrung und Kenntnis derselben überkommt aus ältester Zeit. Die Heilkraft beruht in der rechten Zeit der Hebung dieser Schätze. Standort und Blütezeit bedingen sie. An den Bergabhängen ersprießen die kräftigsten Gewächse. Im Schatten riesiger Eichen, Eschen, Buchen und Tannen befeuchtet von unzähligen Rinnsalen, gedeihen da in seltener Zahl und Güte: der Ehrenpreis, die Meisterwurz, der Beifuß, die Raute, der Bibernell, die Weißwurz, die Eberwurz, der Teufelsabbiß, der Maikram, die Wegwart, das Aronkraut, der Enzian, der Baldrian, das Leberkraut, das Lungenkraut, die Frauenkäpplein und unzählige mehr.
In den herrlichen Tannenwäldern breitet das unsichtbar machende Farnkraut seine Fächer mächtig aus, zieht seine Wurzeln tief in die Erden. An Johanni gegraben und getrocknet an freier Luft, doch daß kein Sonnenschein darauf falle, sichert es jedweden Ort, wo es aufgehängt wird, vor dem Wetterstreich.
Der Bibernell sichert vor Seuchen und deren Ansteckung; zu solcher Zeit tragen ihrer ihn viele Leute im Munde. Als die letzte große Viehseuche gewesen, kamen Vögel von seltsamem Ansehen und sangen hier und dort:

Ihr Leut, ihr Leut, brockts Bibernell,
der Schelm, das Kunter, fährt gar schnell!
Die Wurzeln gebts dem Vieh nur ein,
mit'm Schelmen wird's dann fertig sein!

Das Saichblüeml

Die ist eine der kleineren Arten vom Löwenzahn, wächst an Wegen, Weiden und Wiesen allenthalben, gibt Zeugnis von einem der größten Geheimnisse der heiligen christlichen Religion. Da Maria vom heiligen Geist empfangen, ihre Base Elisabeth heimsuchen ging, begegnete sie derselben an der Schwelle ihres Hauses. Während die heilige Jungfrau ihrer Basen nun frohlockend die freudenreiche Empfängnis mitteilte, fielen auf ein zu ihren Füßen sprossendes Saichblüeml, als wahrhaftiges Zeugnis, daß sie eine unbefleckte Jungfrau, einige Tropfen Blut ihrer Reinigung. Des zum ewigen Gedächtnis blieb dem Saichblüeml auf alle Zeiten zu seinen grünen Blättern allzeit ein blutrotes Blatt.

Die Frau Hasel

Ein verehrter Strauch ist die Haselstauden. Wo sie wächst, schlägt kein Blitz ein. Da die Mutter Gottes über das Gebirge ging, wurde sie unterwegs von einem argen Wetter überfallen und flüchtete sich unter eine großmächtige Haselstauden. Der Schutz, den sie der heiligen Jungfrau gewährte, verlieh für alle kommende Zeit diese heilige Kraft.

Ein jähriger Trieb der Hasel in zwei Ästen ist die echte Wünschelrute, mit welcher man nicht nur unterirdische Wasserflüsse sondern auch verborgene Schätze heben mag. Doch muß man die Zeit des Schnitts wohl beachten. Die drei Haupttage sind Sankt Johannes der Gottestaufer, die heiligen drei Könige und die rechte Fastnacht. Gut ist es, wenn der Mond dabei neu ist, und die Stunde sei unfehlbar, da die Sonne aufgeht. Während dem Schnitt muß man sprechen:

Ich schneide dich, liebe Ruten,
daß due mir mußt sagen,
um was ich dich tu fragen,
und dich so lang nicht rühren,
bis du die Wahrheit tust spüren.

Die Weiden

An einer Weiden hat sich Judas der Verräter erhängt; seit der Zeit sind alle Weidenbäume hohl. Ein anderer Schelm und Ehebrecher, der Gucker (Kuckuck), hat sonderlich das Weidach gern. Bald er

Abschied nimmt, überzieht er noch die Weidenblätter mit seinem Speichel, daß es Menschen und Vögel davor graust. Von der Trauerweiden sind die Ruten gedreht worden, damit man unsern Herrn Heiland gegeißelt hat. Der widerfahrenen Schmach halber hängt sie nun fort und fort ihre Äste klagend zur Erden.

Die Kranawitt

So heißt in ganz Altbayern der Wacholderstrauch. Ihm selbst wie seinen heilsamen Eigenschaften ist die höchste Verehrung geweiht. Er wächst allenthalben auf Berg und Tal, meist in Stauden, doch in den Auen auch als Baum oft bis zu 20 Fuß Höhe.

In ihm wohnt eine große Kraft gegen jedwede Zauberei, darum gebraucht man nit nur seine Beeren bei den Räucherungen, sondern schneidet auch aus den Stecken Geiseln für die Roßknechte, wo dann kein Roß durch eine Stellung gesperrt werden kann; ebenso macht man aus ihnen die Rührstecken für die Butterkübel, dann kann keine böse Nachbarin verhindern, daß ein Butter gewonnen werde. In Wasserbitschen und Trinkgefäße bindet der Schäffler stets etliche Streifen davon ein, denn auch im Trunk könnte einem von den bösen Leuten gar vieles geschehen.

Die Beeren genießt man teils roher, teils in einem aus denselben bereiteten Branntwein. Zu Zeiten ansteckender Krankheiten ist dies sonderlich heilsam, und der Italiener sagt, wenn er täglich eine solche frische Beere könnt genießen, so glaubt er, er könne ewig leben.

Der Sävling und der Lärbaum

Auch der Sävling (Juniperus sabina, Stinkwacholder) ist gut gegen Zauberei; denn sein Geruch ist den Hexen unausstehlich, und können sie an Orten, wo er steht, nit lang verweilen. Man sieht ihn darum gar häufig nächst den Wohnungen und den Ställen. Meist wird er in den Zaun verflochten; dadurch ist auch der Zaunstecken vor den Hexen gesichert.

Es wohnt jedoch in ihm und im Lärbaum (Lärche) noch eine andere Eigenschaft, nämlich die Kraft, die menschliche Frucht abzutreiben. Bei dem Lärbaum werden dessen Nadeln mit dem Wasser, damit ein Schleifstein genäßt worden, gesotten und getrunken. Beim Sävling aber nimmt man noch die Wurzeln der weißen Wegwart dazu; solches öfters getrunken verhindert sowohl die Aufnahme, als treibt es auch die Frucht ab.
Wie aber der Sünde stets die Strafe folgt, so auch hier. Die Bärmutter wird tief geschädigt und ein frühes Siechtum befällt die Frevlerin. Die Ehre des Jungfraunkränzleins zu retten verführt gar manche zu diesem abscheulichen Mittel. Darum hat der Volkswitz dem Sävenbaum auch den Namen Jungfrauen-Rosmarin gegeben.

Von Tieren und anderen Geheimnissen

Die Schwalben

Eine Schwalbe ist ein feiner Vogel, bringt den lieblichen Auswärts und Glück in jedes Haus. Wer ein Schwalbennest herunterschlägt, der stört des Hauses Fried; auch trauern die Kühe darüber und geben rote Milch. Im Schwalbennest liegt ein Stein verborgen, wer den heben kann, der wird glücklich. So kann man auch, wenn man ungesehen Schwalbeneier siedet und wieder in das Nest legt drauf warten, daß die alte Schwalbe eine Wurzen holt, mit der sie die Eier wieder lind bringt. Wer diese Wurzen im Beutel tragt, wird allweg zu Geld kommen.

Der Weihrauch-Stein

In alten, ganz großen Ameisenhaufen da findet man Weihrauch genug, da drinnen hält sich gern der Ameisenkönig auf, der sitzt auf einem schwarzen Stein, wer den finden mag, der hat enterisch Glück beim Viehverkauf. Er braucht nur den Stein seinem Vieh über den Rücken zu streichen, so kann er es verkaufen so hoch als er nur mag, hat das Vieh ganz einen anderen Schein.

Der Viehschelm

Schreien wie ein Viehschelm; dies Sprüchwort hört man wohl diemalen, aber die wenigsten wissen, was ein Viehschelm ist und haben ihn noch weniger schreien gehört. Der Viehschelm ist ein Stier, aber nur zur vordern Hälfte leibig, in der Mitte geht er aus und schlenzt die leere Haut hintnach. Wenn er sich zeigt, da entsteht eine Sucht unterm Vieh, und kommt ein großes Sterben über dasselbige. Am End der 30er Jahre (des 19. Jahrhunderts) wurde das ganze Gäu hierum vom Lungenbrand schreckbar heimgesucht, daß in den mehrsten Ställen bald kein Vieh mehr stund, da haben ihn kurz zuvor manche Leute deutlich gesehen; schreien haben ihn aber noch viel mehr gehört.

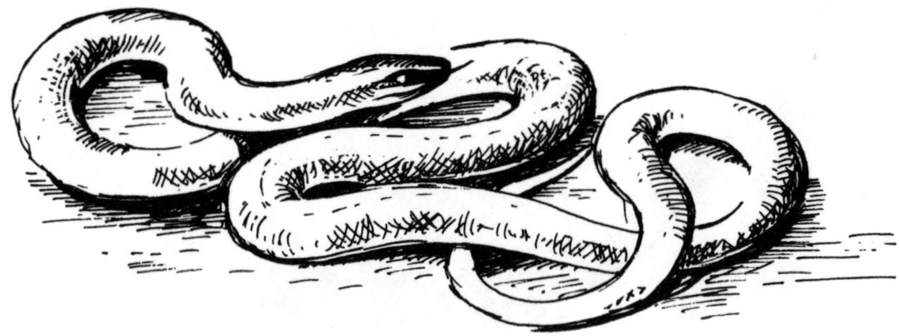

Die Atter (Otter)

Attern gibt es sehr viele, von allen Größen und Farben. Unter Haselstauden, die sehr alt sind, gibt es auch weiße Attern, und wo die sind, fehlt auch der König nit. Der hat eine goldene Krone, wird aber äußerst selten gesehen. Wer einen fängt, dann die Haut und Zunge abzieht, vom Fleisch aber ein namhaftes Stück ißt, der hat alles Glück in der Welt; auch kann er sich unsichtbar machen, und vor ihm gehen alle Türen und Riegel auf. Er erkennt auch alle Kräuter auf Erden und versteht die Sprache der Vögel. Alle Welt ist ihm hold und er ist fest gegen Hieb, Stich und Schuß.

Das Hahnenei

Wenn der Hahn zwölf Jahre alt wird, legt er ein Ei, scharrt's in den Sand, und aus dem Ei wird dann ein Lindwurm. Die Lindwürm haben alle Schätze, so in der Erden vergraben sind. Doch im Märzen, wenn die Sonne die Erden wieder mit ihren Strahlen durchdringt und erwärmt, da hat der Lindwurm keine Gewalt über seinen Schatz. Es drängt diesen herauf zum Sonnenlicht; er muß sich sonnen, und da ist die Zeit, wo man die Schätze heben kann. Wer aber ungeschickt damit umgeht, ist verloren; der Lindwurm verschlingt ihn und gibt ihn nimmer heraus.

Der Gucker

Der Gucker ruft den Auswärts an, darum hat man ihn gern, aber nur von weitem. Fliegt er über ein Dorf oder läßt er sich gar darin nieder, dann überfällt die ganze Gemeinde ein großer Schrecken; denn dann muß eines im Dorf sterben, und zwar bald. Wer ihn das erstemal im Jahr schreien hört, soll seinen Beutel schütteln, dann geht ihm das ganze Jahr das Geld nit aus. Auch kann man da erfahren, wie lang man noch zu leben hat. Wenn er lang nach Johanni schreit, schreit er Mißwuchs und teure Zeit.

Die Imb (Biene)

Dies ist das einzige Tier, so uns unverwandelt aus dem Paradies überkommen worden, darum, weil sie das Wachs zum Hailtum (Heiligtum) sammelt. Darum sagt man auch nur von den Immen, daß sie sterben; alle andern Tiere krepieren. Jedes Dorf hat einen, der gut mit ihnen umgehen kann, den nennt man den Immenvater.

Laus

So wie die Imb sich rein aus dem Paradies erhalten hat, so ist es mit der Laus entgegengesetzten Falls, daß selbe im Paradies noch gar nit geschaffen gewesen. Erst als Adam und Eva des Sündenfalls halber das Paradies verlassen und im Schweiße ihres Angesichts ihr täglich Brot verdienen mußten, erwuchs in dem Wuzel der schwitzenden Haut solch Malefiztier, die Laus.

Das Rotschwänzl

Das Rotschwänzl, so im Haus brütet, hat man sehr gerne; denn da kann das Haus kein Wetterstreich treffen. Umgekehrt aber ist es, wenn sie sich im Stall einnisten, da will man sie nicht leiden. Die Kühe harnen da rot, und das ist ein sicheres Vorzeichen, daß sie bald auch rote Milch geben, wovor jede Bäuerin einen heiligen Schrekken hat.

Die Krott (Kröte)

Dies scheußliche Tier ist übel berufen; besonders um das Haus herum sieht man es sehr ungern. Bettelleute, die mit der Gabe unzufrieden sind, zaubern einem manchmal in einen Winkel des Hauses einen ganzen Haufen solcher Brozen, was ein übles Anzeichen ist, denn damit fangen die Verwünschungen an. Im Frauendreißigst spießt man sie an langen Ruten auf und hängt sie in die Stallungen, aus denen nun alles Gift in die Krotte zieht. Auch wirft man sie gern in Brunnen, in der Meinung, daß sie aus dem Trinkwasser alles Unreine entfernen sollen.
Frauen, die an der Bärmutter leiden, opfern in Kirchen gern eine wächserne oder eiserne Krotte. An einschichtigen Feldkapellen kann man diemalen solche Krotten an eisernen Ketten hängen sehen. Man glaubt auch, daß Krotten 1000 Jahre alt werden können oder auch, daß böse Geister in Krotten verwandelt erscheinen.

V
Von Sagen
und
verborgenen Schätzen

Der Lindwurm von Murnau

Der Markt Murnau führt in seinem Wappen einen Lindwurm mit vorwärts greifenden Klauen, aufgesperrtem Rachen und einer ausgestreckten roten Zunge.

Grad so ein Drache hat vor Zeiten dort gehaust. Den Bauern raubte er die Kälber von der Weide weg und die Jungfrauen aus den Häusern, fraß sie auf, mit Haut und Haaren: ein einziger Schnapper, und schon waren sie verschluckt! Dann nahm er im Staffelsee sein Bad, soff sich toll und voll und flog auf seine Insel zurück um zu schlafen, bis es ihn von neuem nach einem Schaf oder einer Jungfrau gelüstete.

Wenn gleich der Kaiser selber aufgerufen hat, er tät den zum Ritter schlagen, der den furchtbaren Drachen tötete, und wenn er schon Ritter wäre, tät er ihn zum Grafen machen – was half's? Der Lindwurm hatte eine Haut, durch die kein Schwert drang, hatte Pranken, die mit einem Schlag Roß und Reiter zusammendätschten, das schlimmste aber war, daß er auch Feuer speien konnte, von dem jeder Brustpanzer schmolz wie Butter in der Julisonne. Als schon all die Abenteurer ihr Leben gelassen hatten, die von weither gen Murnau gekommen waren, als die Kälber schon zur Seltenheit und die Jungfrauen gar zur Rarität wurden, da versuchte es der Kaiser noch einmal mit neuen Versprechungen: Nicht nur zum Ritter sollte der geschlagen werden, der den Lindwurm erledigte, auch die allerschönste der noch verbliebenen Jungfrauen dürfe er sich zur Frau nehmen, und dem jungen Paar tät er eine Burg bauen und das Dorf Murnau zum Markt erheben!

Nun war da ein armer Schusterbub, der weder Aussichten hatte zu Geld und Gut zu kommen, in seinem Leben, geschweige denn zu einer schönen Frau – es sei denn, er könnte dem Lindwurm den Garaus machen. Zwar besaß er keinen Brustpanzer und wußte auch kein Schwert zu führen, dagegen hatte er Grips im Kopf und Geschick in den Händen, und darum ging er zum Kaiser und meldete für den andern Tag seine Heldentat an.

Der Kaiser dachte nicht anders als so: Ein Schusterbub mehr oder weniger in meinem Reich, was kommt's schon drauf an? Frißt halt der Lindwurm morgen statt einer Jungfrau den Schusterbuben!

Dieser freilich dachte gar nicht daran, sich fressen zu lassen. Er holte sich beim Abdecker ein frisches Kalbsfell, beim Brennofen ungelöschten Kalk, fuhr das alles in einem Schubkarren zum See hinunter, schoppte das Kalbsfell mit Kalk aus und nähte es fein ordentlich zusammen. So stellte er's hinter einen Weidezaun, versteckte sich selber in einer Hollerstauden und fing an zu blöken wie ein Schaf. Das weckte den Lindwurm in seiner Inselhöhle, der Bauch krachte ihm alsbald vor Hunger und der giftige Geifer lief ihm im Maul zusammen, er nahm sich nicht einmal Zeit, den Schlaf aus den Augen zu reiben, erhob sich in die Lüfte, daß es rauschte wie ein Föhnsturm, erspähte das Kalb hinterm Weidezaun und stürzte sich drauf wie ein Tatzelwurm! Zu seinem Glück blieb dem Schusterbuben sein Blökerer vor Schreck im Hals stecken. Ein Schnapper – und verschluckt war das Kalbfell, mitsamt dem Kalk!
Das war raß! Drum nahm das Untier auf der Stelle sein Bad und soff sich dabei toll und voll. Eh sich's der Drache versah, begann der Kalk hitzig zu werden und zu quellen, mit Müh und Not konnte er sich noch ein paar Schusterellen hoch in die Luft erheben, dann aber zerriß es ihn in lauter Fetzen, und die versanken im See.
Der Kaiser erhob sein Dorf Murnau zum Markt, gab ihm alle Rechte und Freiheiten und einen Lindwurm ins Wappen, auf ewige Zeiten. Für den Schusterbuben baute er eine Burg auf den Schloßberg und schlug ihn zum Ritter. Und wer heute durch Murnau geht und ein besonders schönes Mädchen sieht, der hat eine ferne Nachfahrin jener schönsten Jungfrau vor sich, die der Drachentöter damals zur Frau genommen hatte.

Wie der Staffelsee entstand

Der Moosberg trennt heute die Sumpfgebiete des Murnauer und des Eschenloher Mooses. Vor Zeiten bildeten die beiden Moore einen gewaltigen See, der von Oberau bis Murnau reichte und von Aschau bis Großweil. Daraus ragte der Moosberg als Insel hervor, und auf der Insel stand ein Frauenkloster. Gegenüber aber, auf dem festen Ufer gegen Ohlstadt zu, dort lag ein Männerkloster.
Es gab aber auch stolze Burgen in dieser Gegend; in deren einer wohnte ein junger kühner Ritter, der sich unsterblich in eine schöne Maid des Nachbarschlosses verliebte. Ehe er sie aber als Braut heimholen konnte, mußte er für seinen Herzog in den Krieg ziehen. Als das Heer aus siegreicher Schlacht zurückkehrte, war der junge, kühne Ritter nicht mehr dabei. Beim letzten verzweifelten Ansturm der Feinde, so wurde berichtet, habe er allzuviel gewagt und sein junges Leben lassen müssen.
Die Maid erfuhr vom Tod ihres Bräutigams, war untröstlich und nahm den Schleier um fortan als Nonne auf dem Moosberg im Frauenkloster zu leben, weil sie keinem andern Mann gehören wollte.

Der kühne Ritter war aber in der Schlacht nicht gefallen. Er war vom Pferd gerissen und gefangengenommen worden. Nach Jahr und Tag, als die Völker Frieden geschlossen hatten, ließen ihn die Feinde wieder frei. Nun wollte er seine geliebte Maid zu seiner Frau machen und mit ihr glücklich sein. Die Kundschaft, daß sie aus Gram über seinen Tod ins Kloster gegangen war, traf ihn so, daß er auf der Stelle beschloß, desgleichen zu tun. Er wurde Mönch in dem Herrenkloster bei Ohlstadt.
Zwischen den Klöstern brachten Boten allerlei Kunde hin und her. Eines Tages wurde es dem Mönch zur Gewißheit, daß seine geliebte Maid als Nonne auf dem Moosberg lebte. Da half nun keine Kutte mehr der neu entflammten Liebe ab, da konnte kein Gelöbnis die Gedanken daran hindern, daß sie Tag und Nacht auf nichts anderes mehr sannen als auf die Maid. Rastlos suchte der einstige Ritter nach Mitteln und Wegen, die ihn zu seiner Geliebten bringen sollten.
Nach einiger Zeit wußte sich der Unglückliche einen Fischerkahn zu beschaffen. Er entwich in finsterer Nacht aus dem Kloster und begann, über das schwarze, schweigende Wasser der Moosberginsel entgegenzurudern.
Der Himmel aber wußte die Reinheit des Helden und der Maid zu wahren. Übers Gebirge her schickte er einen gewaltigen Föhnsturm, wie ihn die Welt weder vorher noch nachher jemals erlebt hat. Die tosende Luft wühlte das Wasser auf bis zum Grund, wirbelte es vor sich her nach Norden zu, drückte es über den Bergriegel hinweg, auf dem der Jägersteig lief und schob alles Wasser hinunter ins Tal der Ach. Dort kam es zum Stehen und sammelte sich zum Staffelsee. Statt der einen Insel hatte dieser deren sieben.
Der unglückliche Mönch war von Föhnsturm und Wasser mitgerissen worden. Nacht für Nacht mußte er nun ruhelos mit seinem Kahn von einer Insel zur andern rudern. Er suchte seine Maid, fand aber weder Kloster noch Nonne. Die lebte weiterhin auf dem Moosberg. Weil sie sich aber nicht genug tun konnte mit Fasten und Kasteien, währte ihr Leben nur noch sieben Jahre. Nach ihrem Tod fand auch der Mönch auf dem Staffelsee wieder Ruhe. Er gründete das Herrenkloster auf der Insel Wörth, das später zum Lieblingsaufenthalt des hl. Bischofs Ulrich von Augsburg wurde.

Der Riesenwaller im Walchensee

Als der Walchensee noch Wallersee hieß, und das ist noch gar nicht so arg lange her, da hauste in seinen unergründlichen Tiefen ein Riesenwaller von unvorstellbarer Größe und Gewalt. Mit seinem Maul konnte er ohne weiteres einen Fischer mitsamt dem Kahn verschlingen, und wenn er seine Flossen schnellen ließ, wurde der See zu einem brodelnden Wasserkessel. Das Ungeheuer schlief allerdings die meiste Zeit des Jahres so friedlich, daß sich nur leichte Wellen kräuselten von seinem Atem; aber wehe, wenn er gereizt wurde! Da schlugen die Wogen ans Ufer, rissen Bäume und Hütten weg und brandeten bis an die Hänge des Jochberges und des Herzogstandes hinauf. Ja, unten in den Loisach- und Isardörfern ging die Sage, daß der Waller in seinem grimmigsten Zorn mit einem einzigen Schlag seiner Schwanzflosse den Kesselberg zertrümmern könnte! Dann würden die unermeßlichen Wassermassen des Wallersees hinausstürzen, den ganzen Isarkreis überschwemmen, bis an die ehrwürdige Bischofsstadt Freising. Erst dort brächte der Domberg das Wasser zum Stehen.

Eine solche Sage war nicht bloß der Aberglaube einfältiger Bauern! Von dem drohenden Unheil wußten auch ehrsame Bürger der Haupt- und Residenzstadt München. Sie ließen jedes Jahr in ihrer Dreifaltigkeitskirche eine Messe lesen zum Schutz vor solch großer Wassergefahr. Ja, es hat sogar Zeiten gegeben, da opferten sie jährlich auf den Simetstag einen goldenen Ring, der mitten im See für den Waller in die Tiefe geworfen wurde. Und es kann niemand hergehen und sagen, daß es nicht geholfen hätte; denn die Münchnerstadt steht heute noch!

Bei so einem gefährlichen Ungeheuer ist es zu verstehen, daß die grimmigsten Strafen angedroht waren für jeden, den die Dummheit so geplagt oder der Übermut gejuckt hätte, das Ungetüm zu reizen oder gar zu ärgern. Nicht einmal die Fischer fuhren nachts auf die Wasser hinaus. Wer einen Steinschlag auslöste, daß Felsbrocken und Geröll von den Berghängen herunter ins Wasser stürzten, der mußte Buße tun mit einer Wallfahrt bis auf den heiligen Berg zu Andechs. Das schlimmste aber, was man dem Waller antun konnte, das war, seinen Frieden in der Tiefe zu stören. Wen immer die Neugier geplagt hatte – und solche gab es von Zeit zu Zeit! – in den Tiefen zu forschen und mit langen, steinbeschwerten Seilen dem See auf den Grund zu kommen, der brauchte keinen irdischen Richter mehr. Den hat über kurz oder lang der Waller geholt. Der konnte nicht einmal in geweihter Erde bestattet werden. Der See gab nie ein Opfer frei.

Es war ohnehin ein Unding, dem Wasser an seiner tiefsten Stelle auf den Grund kommen zu wollen. Jedes Kind wußte, daß dort kein Ende hergehen konnte, weil der Wallersee in geheimnisvoller Weise mit den sieben Weltmeeren verbunden ist. Von dort her mußte ja auch vor undenklichen Zeiten der gewaltige Fisch gekommen sein und – wer weiß? – vielleicht ist im Walchensee gar jener Wal, in dessen Bauch der Prophet Jona drei Tage und Nächte zubringen mußte, weil er Gott nicht gehorchen wollte.

Man hat jetzt zwar schon lange nichts mehr davon gehört, von dem Waller im See. Man sollte sich aber nicht ganz sicher fühlen. Womöglich hält der Riesenfisch bloß einen jahrhundertelangen friedlichen Schlaf. Darum: Reizt und ärgert ihn bitte nicht! Und – wer ganz sicher gehen will, weil er doch ein wenig Angst gekriegt hat davor, daß der Waller eines schönen Tages hergehen könnte und mit seiner Schwanzflosse den ganzen Kesselberg zusammenschlagen möchte und die Wasserfluten alles überschwemmen müßten, bis zum Freisinger Domberg hinunter – wer also meint, das verhindern helfen zu sollen, der kann ja hinausfahren, mitten auf den See und einen goldenen Ring ins Wasser werfen.

Wer sich aber selber nicht traut, kann mir den Ring schicken. Ich komme immer wieder einmal hinauf, an den Wallersee.

Der Bilmesschneider

Es muß schon was drangewesen sein! Wenn es uns heute auch noch so abergläubisch vorkommt, aus der Luft gegriffen haben's die damals auch nicht. Und daß es mit natürlichen Dingen zugegangen sein soll, das braucht zuerst einmal erklären!
Der Bilmesschneider ist immer um die gleiche Zeit gekommen, entweder am Fronleichnamstag während der Prozession, wo es eine Sünd gewesen wäre, wenn sich einer auf den Feldern herumgetrieben hätte oder während des Gebetläutens um die Sonnwendzeit, besonders am Tag des heiligen Johannes. Mit einer Sichel am Fuß – manche behaupteten, es wäre eine silberne gewesen, aber das muß man nicht unbedingt glauben – hat er eine schmale Gasse durchs Getreidefeld geschnitten, überzwerch von einer Ecke zur anderen.
Das wäre noch zu verschmerzen gewesen; so einen Sichelschnitt breit leere Halme, das hätte sich verkraften lassen. Es war aber der ganze Acker wie verhext: Alles was rechts vom Schnitt wuchs, das gedieh und brachte Korn; aber alles was links davon stand, das wollte nicht um alles in der Welt mehr geraten.
Es war ein rechtes Teufelswerk, darüber war man sich einig. Bloß kam der Teufel so gut wie nie in eigener Person daher. Drum meinten die einen, das wäre nicht anders als in der Walpurgisnacht, wo die Weiber auf Besen herumreiten, in der Luft, so jetzt die männlichen Hexer mit Sicheln. Andere wieder meinten, es wären ungetaufte Kinder, die verzaubert worden sind und manche trauten solche Schandtaten einfach einem bösen Nachbarn zu. Gesehen hat die Bilmesschneider keiner; und wir könnten noch heute alles für Einbildung halten, wenn da nicht allerorten der Schnitt festgestellt worden wäre.
Man war dem Bilmesschneider nicht hoffnungslos ausgeliefert. Es gab totsichere Mittel dagegen. Ein Acker, von dem aus ein Feldkreuz zu sehen war oder ein Bildstock, der ist sowieso sicher gewesen. Wo das nicht zutraf, dort konnte man kleine Kreuzchen aufstellen, an drei Ackerecken; bloß mußte man schon am Karsamstag dazutun; das Holz für die Kreuzlein mußte nämlich beim Judasverbrennen angekohlt werden. Der Bilmesschneider traute sich auch

beim vierten offenen Eck nicht hinein, weil er genau wußte, daß er auf der anderen Seite nicht mehr herausgekommen wäre. Wer am Karsamstag drauf vergessen hatte, konnte sich immer noch helfen: Er mußte bloß am Pfingstsonntag in aller Herrgottsfrüh aufstehen, seinen Stutzen nehmen und damit von den vier Ecken aus kreuz und quer über den Acker schießen, kurz bevor die Sonne aufging. Unberufen, natürlich! Das heißt: Wenn den Schützen einer anrief, half die ganze Ballerei nichts mehr.
Wir können bloß froh sein, daß es heute solche Erscheinungen wie den Bilmesschneider nicht mehr gibt, weil wir einfach die Mittel nicht mehr alle wüßten, mit denen ihm beizukommen wäre.

Der Branntweingeist

Da war einmal ein Kramer, der mit seiner Ware von einem Markt zum andern gezogen ist, der hatte einen Branntweingeist. Gesehen hat ihn natürlich niemand, aber er muß in einer gar nicht besonders großen, geblasenen Glasflasche gewohnt haben, die der Kramer bei sich trug, wo er auch ging und stand, und die er behütete wie seinen Augapfel.
Jeden Morgen, wenn er aufstand, mußte er die Flasche mit Wasser füllen, dann auf den blanken Tisch stellen und sich davorsetzen. Nachdem er sie einige Zeit angeschaut hatte, schloß er die Augen, legte unter die Flasche einen blanken Groschen, den er vorher im Mund aufbewahrt hatte, umhüllte dann die Flasche sorgsam mit seinen Händen, immer noch mit geschlossenen Augen, wobei er allerhand unverständliches Zeug murmelte. Wenn er dann nach einiger Zeit die Hände wegnahm, war der Groschen verschwunden. Sobald er jetzt den Stopsel von der Flasche nahm, konnte jeder riechen, daß wunderbarer Schnaps drin war.
Der Kramer machte nämlich kein Geheimnis daraus, hat die Leute oft zuschauen lassen, wenn er gerade in einer Herberge war. Aber aus der Hand gegeben hat er die Flasche nicht. Und wenn er gefragt wurde, ob er auch mehr Schnaps machen könne, als dieses eine Fläschlein voll, am Tag, dann kniff er ein Auge zu und meinte, es könne wohl sein! Er wolle es jedoch nicht drauf anlegen, sonst

möchte leicht passieren, daß sich sein Geist überanstrengen muß, und das wolle er ihm nicht antun. Er brauche nicht mehr am Tag als dieses Flascherl voll, und hergeben dürfe er ohnehin nichts davon; das wäre das einzige, was ihm sein Geist verboten habe. Es ist auch kein Fall bekannt, daß jemals ein anderer als der Kramer von dem Schnaps getrunken hat.
Wer aber meint, daß es ein Schwindel wäre und bloß eine Taschenspielerei, der soll das ruhig glauben, sagte der Kramer. Ihm sei die Hauptsache, wenn er jeden Tag für einen blanken Groschen sein Flascherl Schnaps kriege.

Das goldene Kegelspiel von Wessobrunn

Ich weiß, daß es Leute gibt, die behaupten, es wäre alles nur Märchen, was über das goldene Kegelspiel erzählt wird. Aber es geht mir ja nicht darum, ob der Abt Wippo wirklich niemals darauf verloren hat, bevor er es vor den plündernden Ungarn in dem Berg vergraben hat, der nach ihm den Namen Wippberg führt. Wenn es nur darauf ankäme, ja, dann würde ich auch sagen: Wer weiß, ob überhaupt etwas dran ist?
So aber, wo durchaus bekannt ist, daß die Kegel aus purem Golde waren und nur die Meinungen über die Größe auseinandergehen, ist es wert, daß man sich ein wenig damit befaßt. Vierzehn Zoll hoch, jeder Kegel und der König sogar noch ein wenig drüber – nach den einen Angaben. Es gibt allerdings auch Berichte, die von einem Stoßpudelspiel reden, von einem Tischkegelspiel also, das mit einem Stock gespielt wurde, wie beim Billard. Mit einem Ebenholzstock natürlich in diesem Fall und mit einer Elfenbeinkugel. Wenn das zutrifft, wären die Kegel bloß dreieinhalb Zoll hoch, was aber immerhin noch so viel ist wie ein Mittelfinger, und bei purem Gold stellt das noch ein ganzes Vermögen dar.
Ob vierzehn Zoll oder dreieinhalb, darüber sollte man sich nicht streiten. Das wird sich dann schon herausstellen, wenn sie einmal gefunden sind. Drum ist es viel wichtiger, dem Platz nachzugehen, an dem sie versteckt wurden. Am Wippberg haben die Forster

schon so viel gesucht, daß er fast ausscheidet; zumal es ja unwahrscheinlich ist, daß sie schon während der Ungarnkriege vergraben wurden. Sicher ist wegen des Platzes eigentlich nur die Tiefe: mindestens ein Klafter tief im Boden! Es können auch zwei oder drei sein, aber ein Klafter mindestens, sonst hätte sie nämlich der Schlittbachsepp mit seinem Erdspiegel finden müssen, vor beinahe zweihundert Jahren.

Auch der Schlittbachsepp war sich übrigens nicht ganz sicher, ob das Stoßpudelspiel im Spanischen Erbfolgekrieg vergraben wurde, als die Kroaten und Panduren alles ausgeraubt haben, was ihnen zu Gesicht kam oder ob es schon im Dreißigjährigen Krieg vor Schweden und Franzosen in Sicherheit gebracht wurde. Ja, es gibt sogar die Ansicht, man hätte es erst bei der Säkularisation versteckt, damit es dem habgierigen Minister Montgelas nicht in die Hände gefallen ist.

Aber wie gesagt, abgesehen von den unterschiedlichen Angaben über die Größe der Kegel, über die Tiefe des Verstecks und die Zeit, in der sie vergraben wurden, stimmen die Meinungen darüber, daß sie durch und durch aus Gold sind, vollkommen überein. Was das Suchen so unheimlich schwierig macht, sind eigentlich bloß die verschiedenen Angaben über den Ort. Schon allein beim Engelsrieder See gibt es zweierlei Ansichten: Die einen meinen, das Spiel könnte in einer der verfallenen Höhlen liegen, in denen schon die Riedlbande ihre Schätze versteckte; andere sagen sich, um ganz sicher zu gehen, habe der Abt das Wasser des Sees abgelassen, dann in dem schlammigen Grund ein Loch gegraben und dort seine Kegel in Sicherheit gebracht. Andere wieder schwörten Stein und Bein, daß sie im Paterzeller Steinbruch zu finden wären oder daß im Eibenwald schon Tuff drüber gewachsen ist.

Dort hat angeblich auch der Schlittbachsepp mit seinem Erdspiegel danach gesucht, hat sie aber deswegen nicht finden können, weil er kein Sonntagskind war. Das ist nämlich Voraussetzung für den Finder, daß er ein Sonntagskind ist, das noch dazu besonders begnadet und beim aufgehenden Vollmond auf die Welt gekommen sein muß. Gerade das mit dem besonderen Sonntagskind ist wiederum etwas, worüber bei ernsthaften Stoßpudelspielforschern überhaupt kein Zweifel besteht.

Nach sicherem Vernehmen hatte das mit dem aufgehenden Vollmond nur einer bezweifelt, der berühmte Historiker Professor Dr. Sepp, der bekanntlich Wessobrunn vor dem gänzlichen Abbruch gerettet hat. Er hätte insofern einem Erfolg sehr nahe sein können, als er sich weder um den Wippberg noch um den Paterzeller Steinbruch und schon gar nicht um den Engelsrieder See gekümmert hat sondern das goldene Kegelspiel entweder unterm alten Münster vermutet hat oder dort, wo der Kreuzgang war. Sogar einen Erdspiegel hat er sich besorgt, von den Nachfahren des Schlittbachsepp; er soll aber bloß sein eigenes Gesicht darin gesehen haben. Hoffentlich hat er daraufhin wenigstens das mit dem Sonntagskind geglaubt.
Im Grund genommen sollen wir froh sein, daß es immer noch nicht gefunden worden ist. Wer weiß, vielleicht? Irgendwann einmal stößt irgendwer von uns irgendwo auf irgendetwas Goldglänzendes – und dann? Dann wissen wir alles; sogar, ob es regelrechte vierzehnzöllige Kegel waren oder bloß dreieinhalbzöllige von einem Stoßpudelspiel. Man kann eigentlich gar nicht recht verstehen, warum in der letzten Zeit nimmer danach gegraben wird, in Wessobrunn.

Der Holzherr

Das hat die Stillerbäuerin vor fünfzig Jahren erzählt. Off hat sie sich geschrieben, und sie hat die Geschichte von ihrem Großvater gehabt; drum wird schon was dran sein, an der Sache vom Holzherrn.
In Wessobrunn ist er Hofmarkrichter gewesen. Er hat nicht bloß in Gaispoint das Sagen gehabt sondern auch in Haid und auf dem Forst und sogar drunten in Stillern, wo die Offin daheim gewesen ist. Überall hat man ihn für einen Bazi gehalten, für einen Leutschinder, der einem Schlechtes angetan hat, wo er nur können hat. Sogar Geld hat er machen können!
Die Leute haben ihm so lang das Verrecken gewunschen, bis es ihn erwischt hat. Einen Abhang ist er hinuntergefallen, hinterrücks, und dabei hat er sich den Kopf auseinandergeschlagen. „Weil nur

der endlich einmal weiter ist!“ hat es überall geheißen und jeder war froh, daß man endlich seine Ruh hat, vor ihm.
Wie er aber eingegraben war, da ist es erst richtig losgegangen! Immer, nach dem Gebetläuten, ist er bald da und dort gesehen worden. Ohne Kopf ist er dahergekommen, mit einem Mordstrumm Hund, und der hat feurige Augen gehabt. Fast immer hat er sich auf Waldwegen gezeigt; und darum hat man ihn bald den Holzherrn geheißen. Unverhofft ist er auf einmal vor einem dagestanden. Am meisten haben die Sonntagskinder drunter zu leiden gehabt, die haben sich nachts schier nicht mehr hinaustrauen können. Und eine arge Plage war er für die Fuhrwerker. Da ist kein Roß mehr weitergegangen, wenn sich der Holzherr davor hingestellt hat. Die frömmsten Gäule haben zu schnauben und zu scheuen angefangen und haben manchen Wagen in den Graben geschmissen.
Das ist jahrelang so fortgegangen. Mancher Geistliche hat seine Kunst probiert, ist aber keiner fertiggeworden, mit dem Holzherrn. Bis einmal ein neugeweihter Benediktiner in Wessobrunn gewesen ist. Der hat den Geist in eine kupferne Flasche hineingeschwört, ist damit in die Lichtenau und hat ihn dort in ein Sumpfloch geworfen. Auf hundert Jahre, hat er versprochen, wird man vom Holzherrn seine Ruh haben. Muß aber schon ein besonders guter Klostergeistlicher gewesen sein: Die hundert Jahre sind schon längst um; man hört trotzdem nie, daß einem der Holzherr wieder erschienen wäre, in der letzten Zeit.

Das Gögerlfräulein

Die Sage vom Gögerlfräulein hat mehrere Fassungen. Eine der am wenigsten geläufigen ist zur Zeit der Romantik in die Form einer Moritatenballade gebracht worden.
Moritatensänger hat der Verfasser dieses Buches noch in seiner Kinderzeit auf Jahrmärkten erlebt. Sie hatten zu jeder Strophe ein großes Bild, auf dem sie die Einzelheiten zu dem gesungenen Geschehen mit einem Zeigestab aufzeigten. Die Begleitmusik kam aus einer kleinen Drehorgel. Ihr Stand war immer dicht umlagert.
Moritatenstoffe wurden – wie hier – der Sagenwelt entnommen oder griffen aktuelle Ereignisse auf wie Leben und Tod des bayerischen Hiasl Matthias Klostermayr. Die letzte Strophe hatte einen moralisierenden Abschluß zu bringen.
Weder die Ballade noch die hier verkürzt wiedergegebene „Note" dazu sollen als geschichtliche Tatsachen hingenommen werden. Es ist wie bei jeder Sage: Irgend etwas Wahres wird schon dran sein; die Frage ist nur: was?

Rosalia Gräfin von Wileyhin oder das Gögele-Fräulein

Eine Volkssage von einem unbekannten Verfasser; gedruckt bei Jakob Winterhalter zu Füssen 1827

Auf das Sterbelager streckte
Diethalm Graf von Wileyhin,
Dieser Ritter letzten Sprossen,
Krankheit einst zu übergroßen
Schmerzen seiner Schwester hin.

Thekla saß am Sterbelager,
Fand zur Lindrung Thränen nicht;
Denn in frühen Kindheits-Tagen
Raubten ihr der Pocken Plagen
Schon das köstliche Gesicht.

Und Rosaliens jüngre Augen
Waren schwül und roth geweint.
„Bruder!“ spricht die zarte Lippe,
„Bitte, daß des Todes Hippe
Mich doch bald mit Dir vereint!“

Mit schon halb erloschnem Blicke
Spricht der Ritter: „Höret mich!
Trägt man mich nun bald zu Grabe;
Euer sei dann all mein Habe;
Braucht's in Frieden!“ und verblich. –

Klaggestöhn' erfüllt das Zimmer,
Und man fährt die Leich zum Grab;
Und selbst Benediktens Söhne
Senken nicht ganz ohne Thräne
Sie zur Münstergruft hinab.

Nach vollbrachten Trauer-Tagen
Schwindet bald der herbe Schmerz.
Golddurst tritt an seine Stelle
Und ergreift mit Pfeiles-Schnelle
Nun Rosaliens arges Herz.

Zu der Theilung großer Schätze
Naht der Tag sich mehr und mehr.
Er ist da. Rosalia flieget
Nach dem Besten und betrüget
Ach! die blinde Schwester sehr.

Sie verbarg der Kostbarkeiten
Große Menge, blank und schwer.
Thekla'n ward kaum diese Kunde,
So entströmet ihrem Munde
Schon der Flüche gräulich Heer.

Und die trügerische Schwester
Flieht von Stund' an Thekla ganz.
Flieht die Burg, ihr einst so theuer!
Und vertraut dem Nonnenschleier
Klagend ihrer Unschuld Kranz.

Doch der Schwester Flüche scheuchten
Bald Rosaliens gier'ge Lust;
Denn ihr schlummerndes Gewissen
Drängte bald mit scharfen Bissen
Ihre tiefgbeklemmte Brust.

Schwermuth schleicht in ihre Seele:
Wahnsinn scheuchet Rast und Ruh',
Und bald führt im stummen Harme
Sie des Todes kaltem Arme
Ihre Scham und Reue zu.

Ein Jahrhundert sah der Wandrer
Sie als weiße Spuckgestalt
Mit dem schwarzen Band umschlungen,
Und den Blick von Gram durchdrungen
An dem Gilgenberg' im Wald.

An den heil'gen Zeiten spuckte
Sie bei Tag sowohl als Nacht
Mit dem losen Haar die Runde
Und mit großem Schlüsselbunde
Klirrt sie, daß es dröhnt und kracht.

Und der Wandrer scheut die Pfade,
Meidet sie geflissentlich,
Spricht, ein Ave in der Schnelle,
„Gott erbarm sich ihrer Seele!"
Schlägt ein Kreuz und trollet sich.

Laßt euch die Geschichte rühren!
Hütet euch vor Lug und Trug
Jeden Tag und jede Stunde,
Und bedenkt, welch tiefe Wunde
Dieß Rosaliens Herzen schlug.

Note

Weilheim war bei der Klosterstiftung von Polling i. J. 750 noch ein Bauerndorf, welches der Stifter, Herzog Tassilo II. dem Kloster geschenkt haben soll. Es führt den Namen Weilheim, späterhin aber Wileyhin. Auf dem sogenannten Gilgenberge (jetzt Gögele-Berg) stand die Burg eines alten adeligen Grafen- und Rittergeschlechtes, das sich von Wilheim nannte. Ein unterirdischer Gang soll von da in die Kirche nach Deutenhausen, und ein anderer in das Dorf Weilheim an den Gemeinde-Platz, dessen Ausgang im Peißenberger-Hause war, geführt haben.
Dieses edle Ritter- und Grafengeschlecht erlosch mit dem letzten männlichen Sprossen Joseph Diethalm Grafen von Wileyhin am 12ten Aerntemonates i. J. 1211. Sein Grabmahl war noch in der Kirche der Benediktiner-Abtei Wessobrunn vor der Aufhebung derselben rechts beim Eingange zu sehen.
Der Graf hinterließ bei seinem Tode noch zwei Schwestern, denen diese eitle Volkssage gewidmet ist und vorstehende Ballade ihr Entstehen verdankt. Noch vor vierzig, ja wohl noch vor fünf Jahren, nämlich i. J. 1822 wollen sie alte Frauen gesehen haben.

Der Schatzberg bei Raisting

Hinterhalb von Raisting steigt ein tannendunkler Berg auf; das ist der Schatzberg. Vor alter Zeit stand dort eine gewaltige Burg. Als letzte ihres Geschlechtes hausten darin drei Schwestern. Zwei waren stattlich und schön, die dritte aber war von einem bösen Zauber belegt. Sie war nicht nur schwarz im Gesicht und häßlich von Gestalt, sie hatte auch die Sprache verloren, ihre beiden Schwestern waren so an sie gebannt, daß keine die Burg verlassen konnte. Und zu allem Unglück war auch noch der kostbare Schatz in einer eisernen Truhe verschlossen, so daß sie weder an Gold noch an Silber konnten und in Armut leben mußten, obwohl sie doch eigentlich so

viel besaßen. Die Schatztruhe war von einem riesigen Hund bewacht; den Schlüssel trug er in seinem schrecklichen Maul.
Es hätte jemand kommen müssen, ein mutiger Recke vielleicht oder ein furchtloser Ritter, der diesem Hund den Schlüssel entrissen hätte. Aber sobald sich einer dem Tier auch nur näherte, sprühten ihm aus den Augen der Bestie Funken entgegen und das Maul troff von grünem, giftigem Geifer. Wäre aber einer gekommen, der nicht edlen Geblütes war, dem hätte sich das Burgtor nicht geöffnet.
Unten, in den Bauernhöfen und Söldnerhütten war man froh, daß sich keiner an den Hund wagte; denn es ging die Rede: Wenn es einer probieren sollte und könne dem Hund dabei nicht Herr werden, so müßte ein gewaltiges Unglück geschehen. Freilich wußte niemand, welches.
Einmal jedoch kam ein Landstörzer des Weges, der schon manches Abenteuer bestanden hatte. Darum verspürte er große Lust, es mit dem Hund aufzunehmen, kaum daß er davon gehört hatte. Also stieg er im Morgengrauen den Berg hinauf, fand aber das Burgtor verschlossen. Auf sein Pochen hin rührte sich nichts und auf sein Rufen kam keine Antwort. Das verdroß den Landstörzer nicht. Er bahnte sich durch das Dickicht seinen Weg an den Mauern entlang und fand unter einer Dornenhecke die Öffnung zu einem unterirdischen Gang. Eine ganze Zeitlang tastete er sich darin so dahin, griff mit den Händen in Spinnweben und trat mit den Füßen auf glitschiges Getier, hörte aber keinen Laut, wie überhaupt alles gespensterhaft ruhig blieb, so lange er hinter sich das Licht des Höhleneingangs hatte. Erst als der Gang einen scharfen Knick machte, und den Landstörzer von einem Schritt zum andern kohlrabenschwarze Finsternis umgab, da ließ ihm ein schauerliches Aufheulen des Hundes den Schreck in die Glieder fahren. Schon stoben ihm Funken entgegen, von dem fürchterlichen Hund konnte er in der Dunkelheit nichts sehen. Als das Geheul für einen Augenblick verstummte, machte der Landstörzer mit dem Mut der Verzweiflung einen gewaltigen Satz nach vorne, die Hände weit ausgestreckt, von dem fast wahnsinnigen Wunsch besessen, er könnte damit den Hund zu fassen kriegen – aber da spürten seine Hände, wie sie eine menschliche Gestalt umfingen. Und als ein Blitz für einen Augen-

blick den Gang erhellte, sah der Landstörzer in das schwarze Gesicht des verwunschenen häßlichen Mädchens, und als er den Blick abwenden wollte, hatte er das geifernde Maul des Hundes vor sich. Wenn er jetzt kaltes Blut bewahrt hätte, so wäre das Fräulein erlöst, der Hund besiegt und der Schatz frei gewesen.
So aber packte ihn das wilde Grausen. Er riß sich los und wollte fliehen. In diesem Augenblick erschütterte ein gewaltiger Donner die Erde so sehr, daß die Mauern der Burg in sich zusammenstürzten und alles unter sich begruben: die drei Fräulein, den Schatz und den Hund.
Nur der Landstörzer, meine ich, müßte lebendig davongekommen sein; denn wer hätte sonst die Geschichte so genau erzählen können?

Der Schatz im alten Welfenschloß zu Peiting

Erst im Dreißigjährigen Krieg ist das alte Welfenschloß zerstört worden; seitdem ist auch der Schatz verborgen, der von zwei Fräulein gehütet wird.
Von diesen Fräulein weiß man mehr als vom Schatz. Beide hatten sie langes, wallendes Haar, die eine rot und die andere schwarz. Es war gar nicht so selten, in jener Zeit vor dem großen Rumpler, daß man sie gesehen hat. Wer in der Morgendämmerung seinen Weg zu Fuß von Peiting nach Schongau machte, vor dem versteckten sie sich nicht einmal. Halb schreitend und halb schwebend kamen sie langsam den Hang herunter und machten einen weiten Bogen, bis sie wieder zu den Wällen hinaufstiegen, die vom Schloß noch übriggeblieben sind. Dort oben saß ein schwarzer Pudel, der den Schatz zu hüten hatte. Wenn seine Augen auch noch so feurig blitzten, es ist nicht ein einziger Fall bekannt worden, daß er jemand etwas zu Leide getan hätte. Ja, man erzählte, daß der Hund nur den Eingang zu bewachen hätte. Wer aber den Schatz erst zu Gesicht bekäme, der könne ihn holen und dabei den Hund erlösen. Es müßten ihm die Fräulein aber gewogen sein.

Der einzige, der dem Schatz ganz nahe gewesen ist, das war der Gaiserveri von Tirbl. Der hütete seine Geißen am Schloßberg, hatte die zwei Fräulein oft gesehen und war sogar mit dem schwarzen Pudel vertraut. Eines Tages sah er's wie Gold und Edelsteine in der Morgensonne funkeln. Augenblicklich fuhr es ihm durch den Kopf: „Heut ist der Tag, an dem sie den Schatz sonnen müssen; einmal im Jahr muß man das mit jedem Schatz tun!" Und der Veri rannte, was er konnte, den Berg hinauf. Aber als er in die Nähe kam, tat es einen Rumpler und alles war verschwunden.
War verschwunden und blieb es bis heute. Die einen haben dem Veri seine Geschichte nicht geglaubt. Andere aber haben sich gesagt: Die zwei Fräulein werden ihn halt nicht gemocht haben, den Ziegenhirten. Aber daß die beiden gleich ganz und gar aus der Gegend verschwunden sind, das hätte es eigentlich auch wieder nicht gebraucht.

VI
Von Wildschützen, Räubern, Mördern und Hexen

Die Wegelagerer von Ammergau

Am Samstag vor dem St. Margaretentag 1462 beschloß der Schongauer Stadtmagistrat die Gerichtsverhandlung über Lienhart Peck, einem gelernten Schneider von Ammergau und dessen Freund Peter Posser von Unterammergau. Über mehr als drei Jahre hinweg hatten sie die Straße zwischen Ettal und Schongau verunsichert, ehe sie gefaßt werden konnten.

Ihre Geständnisse zeigen, welchen Gefahren sich sowohl reisende Kaufleute als auch die zahlreichen Rompilger aussetzten, wenn sie von Herberge zu Herberge oder von Kloster zu Kloster ihre Tagereisen hinter sich brachten. Die einen wie die andern waren „gut eingesäumt“. Sie trugen all das Geld, das sie entweder für einen Handel oder für die monatelange Pilgerreise brauchten, eingenäht in den Kleidern mit sich. Das schützte sie zwar vor Schelmen und Dieben, nicht aber vor so hartgesottenen Burschen wie den Wegelagerern Peck und Posser.

Angefangen hatten die beiden an einem *Aftermontag vor unsern Herrn Fronleichnamstag* auf der freien Reichsstraße, die von Augsburg über Schongau, Rottenbuch und Ettal ins Loisachtal führte und dann weiter über den Brenner nach Italien. *Bei der Klausen* legten sie sich auf die Lauer. Sie säckelten zwei pilgernde Klosterbrüder aus, kamen dabei nicht an die große Barschaft sondern bloß an den Zehrpfennig für den laufenden Tag, und der betrug ganze sechs Kreuzer. Außerdem nahmen sie einem der Brüder ein Paar neue Schuhe ab.

Das nächste Opfer war der Pfarrer von Ammergau. Den überfielen sie bei Nacht und Nebel, fanden jedoch überhaupt kein Geld, kamen auch dann zu nichts, als sie ihn grün und blau geschlagen hatten und mußten sich schließlich mit dem Hut und einem langen Messer als Beute zufriedengeben. Obwohl der Peck in die Pfarrei des Überfallenen gehörte, scheint er nicht erkannt worden zu sein; die Sache kam jedenfalls erst ans Licht, als die beiden schon zu Schongau im Gefängnis einsaßen. Auch beim dritten Überfall, wiederum nachts, auf einen Ammergauer Schusterknecht, kamen sie nicht zu Geld. Sie erbeuteten nur dessen Schwert, für das ihnen der Schongauer Messerschmied etliche Kreuzer gab.

Der Peter Posser probierte nunmehr im Alleingang eine andere Tour: *Unempfohlen und unerlaubt* hob er eine Kollekte ein für *das Heilige Blut zu Ammergau* und fand dabei so viele opferwillige wie leichtgläubige Leute, daß er mit sechs Pfund Pfennigen ein ganzes Vermögen zusammenbetteln konnte. Daraufhin scheint ihm allerdings der Boden zu heiß geworden zu sein. Er stahl seinem Dienstherrn noch zwanzig Gulden und ging *aus dem Land.* So eine Auswanderung hatte damals nicht viel zu bedeuten; Posser verließ die Hofmark, den Gerichtsbezirk, und durfte sich in Sicherheit fühlen. Also ging er zu seinem Bruder Thomas nach Uffing. Unterwegs begegnete ihm *ein Pfaff,* der auf seiner Pilgerreise anscheinend etwas erschöpft war und gerne eine längere Erholungspause einlegen wollte. Diesen nahm Peter Posser mit zu seinem Bruder. Nach zwei Tagen führten sie ihn hinunter an die Ach, ermordeten ihn und raubten 42 Dukaten. Thomas wurde mit zwanzig Gulden abgefunden und der Peter fand sich wieder mit seinem Freund Lienhart Peck zusammen. Zunächst einmal zogen sie im Land herum und verpraßten das viele Geld. Als es zur Neige ging, wurden sie sich einig, daß sie *alles was ihnen auf der Straße begegnen würde, dessen sie mächtig wären, niederwerfen und berauben* wollten. Sie fanden auch noch ein paar Spießgesellen, so daß eine regelrechte Räuberbande zusammenkam.

An der langen Brück zu Wurmersau, ein Stück südwestlich von Kohlgrub fingen sie an. Sie legten sich in den Hinterhalt bis drei Pilger des Weges kamen. Es gab kein großes Federlesen: Überfallen, umbringen, ausrauben – so hielten sie's bei diesem Überfall, so behielten sie's bei. Mit fünfzig Gulden gaben sie später ihre Beute an. Zwanzig Gulden fanden sie bei einem vierten Pilger, dem sie nach etlicher Zeit an der selben Stelle aufgelauert hatten.

Es ist eine lange Geständnisliste, die in Schongau aufgeschrieben wurde. Im Ramsauer Gesteig, zwischen Rottenbuch und Peiting erschlugen sie einen reitenden Kaufmann, der um die sechzig Gulden mit sich führte. Das Roß wurde nach Schwaben geritten und dort verkauft. Die 17 Gulden, die es einbrachte, lassen erkennen, wie beachtlich die Geldwerte waren, die den Wegelagerern in die Hände gefallen sind. Ein weiterer Kaufmann bei Wurmesau, ein anderer in der Scharnitz, dann wieder pilgernde Klosterbrüder und der

Christelschmied zu Ammergau, der nach Füssen gehen wollte, sie stehen alle noch auf dieser Liste.
In dem vorliegenden Protokollauszug ist nicht ausdrücklich vermerkt, wie und bei welcher Gelegenheit die beiden Rädelsführer gefaßt wurden. Es wird wohl bei dem Vorhaben gewesen sein, das als letztes Geständnis angeführt ist: *Item hat der Peck zu Tabertzhofen auf einen Mönch von Ettal der in einer Stuben gewesen, mit einem Spieß durch das Fenster hineingestochen, hat aber gefehlt.*
Nachdem Peter Posser und Lienhart Peck *öfter als dreimal verhört, mit dem Sakrament berichtet, daß die sonst Niemand auf der Seele hätten, damit sie nicht damit hinführen,* wenn sie jetzt dann sterben müßten, wurden sie zum Tode verurteilt und nach der abgelaufenen Galgenfrist hingerichtet.

(Daten und Zitate aus „Regesten ungedruckter Urkunden“ von Dr. Friedrich Wimmer, Oberbay. Archiv Band X)

Mathias Klostermaier, der Bayerische Hiasl

Es fällt einem schwer, dem Mathias Klostermaier nicht zu allererst Dank dafür zu sagen, daß er jene Nacht vom 13. auf den 14. Januar 1771 in Osterzell zugebracht hat. Damit ist der berühmteste Wilderer und Räuber des 18. Jahrhunderts noch in den letzten paar Stunden seines Lebens zu einer historischen Gestalt des Pfaffenwinkels geworden. Osterzell nämlich, bloß zwei Gehstunden ostwärts der damaligen Reichsstadt Kaufbeuren gelegen, gehörte seiner Zeit dem Augustiner-Chorherren-Stift Rottenbuch und bildete somit den westlichsten Zipfel des Pfaffenwinkels.
All seine großen Wilderer- und Räuberstückl hat Mathias Klostermaier nicht in Bayern sondern im Schwäbischen vollbracht. Dort war das ganze Land in kleine, wenn nicht gar winzige Herrschaftsgebiete zersplittert. Jedes besaß seine eigene Gerichtsbarkeit mit eigenen Schergen. Darum war es dort leicht, Verfolgern zu entgehen: eine Meile weiter waren sie nicht mehr zuständig!

Im großflächigen Kurfürstentum Bayern war der Hiasl schnell geschnappt, als er 1765 auf dem Lechfeld wilderte. Er wurde nach Landsberg gebracht, zu dreiviertel Jahren Zuchthaus verurteilt, die er in München abbüßte. Danach konnte er vier Jahre lang zwischen Augsburg und Reutte, vom Bodensee bis zum Lech ein so ruhmreiches Leben führen, daß ihm schon zu Lebzeiten in Liedern gehuldigt wurde. Friedrich Schiller nahm die Motive für „Die Räuber" aus dem, was sich das Volk von der Nordsee bis zu den Karpaten vom Bayerischen Hiasl zu erzählen wußte; elf Jahre nach seinem Tod ist er damit in die klassische Literatur eingegangen.

Zu seinem Beinamen kam der Mathias Klostermaier (in dieser Schreibart steht er in den Pfarrakten), weil er zu Kissing, in dem kurbayerischen Landgericht geboren war; an einem Samstag, dem 3. September 1736. Dort ist er aufgewachsen, dort hat er das Schießen gelernt; Kissing im Bayrischen gab er als Heimat an. Zum Wildschützen wurde er, weil er nicht Jäger werden und der Leidenschaft trotzdem nicht widerstehen konnte. Die Mitglieder seiner Bande liefen ihm von selber zu und zum Volkshelden brachte er alle Voraussetzungen mit.

Mit sechs Fuß Größe war er ein Riese von Mannsbild, bärenstark und katzengewandt, tollkühn und trotzdem schlau, in Gesellschaft von mitreißender Lustbarkeit, ein unfehlbarer Schütze und hilfsbereit gegen alle, die ihn aus der Not heraus um etwas baten. Die „Herren" hielten sich eine so unmäßig hohen Wildbestand an Hirschen und Wildsäuen, daß den Bauern oft genug Saat und Ernte verwüstet wurde, die ohnmächtige Wut gegen diese Jagdherren muß grenzenlos gewesen sein. Der Bayerische Hiasl wurde immer wieder gebeten, die Reviere „leerzuputzen", dafür wurde ihm nicht selten Bezahlung angeboten. Seine Bande kam solchen Wünschen bereitwillig und erfolgreich nach. Zwangsläufig mußte es dabei zu Auseinandersetzungen mit Jägern und bewaffneten Streifen kommen, die sich gelegentlich zu Kleinkriegen auswuchsen. Wenn es auch Tote gab, auf die Hilfe der Bauern durfte der Hiasl so gut wie immer rechnen.

Zwei Begleiter wichen keinen Schritt von seiner Seite. In dem blutjungen „Buben" hatte er zugleich seinen Stellvertreter, der es ihm in jeder Hinsicht beinahe gleichtat. Der Trüffelhund Tyras, groß

wie ein Kalb war für sich schon legendär. Zu diesem Tyras war der Hiasl so gekommen: Weil er einen Müller in Zorn gebracht hatte, hetzte dieser den gefürchteten Hund auf Klostermaier. Der aber fuhr dem anstürmenden Tyras mit der Hand ins offene Maul, preßte die Zunge zusammen, warf den Hund zu Boden und band ihm die Füße mit einem Strick. So trug er ihn auf den Schultern in den Wald. Von Stund an war der Tyras dem Hiasl treu ergeben. Bald wurden dem Hiasl übersinnliche Kräfte zugeschrieben: Er galt als schußfest, nahende Gefahren konnte er aus seinem Hut lesen.
So einer war der Mathias Klostermaier! Eines der Lieder, in dem er schon zu Lebzeiten landauf, landab besungen wurde, heißt:

I bin der boarisch Hiasl,
koa Kugel geht mir nei!
Drum fürcht i aa koan Jaager,
sollt's glei der Teufel sei.
Im Wald drauß is mei Hoamat,
im Wald drauß is mei Lebn,
da schiaß i Reh und Hirschen
und Wildsäu aa danebn.

Was sollt i mi denn fürchten?
Mei Kugel, de trifft guat!
Und wenn grad Streifen kömma,
dann sagt mir des mei Huat.
Und wenns mi glei umzingeln,
die dummen Eselsköpf,
Sehn's mi, an Hund, den Buben,
laafens davon, de Tröpf!

A himmelanger Jaaga
hat droht, er hängt mi auf!
Daweil is's umkehrt ganga
wia oft im Lebenslauf.
Im Wald san mir zammkommen,
des hätt koa Mensch net denkt,
beim Schopf hab i'hn glei gnommen
und gschwind am Baam aufghängt.

I bin der Fürst der Wälder
und koaner is mir gleich!
So weit der Himmel blau is,
so weit geht aa mei Reich.
Das Wild auf weiter Erde
ist freies Eigentum!
Drum laß i mi net hindern,
und wer's net schießt, is dumm.

Es gibt kein schönres Leben
wie meinigs, auf der Welt!
De Bauern gebn mir z' essen
und zahln mir aa no Geld.
Dafür schütz i die Felder
mit meine tapfern Leut,
und wo i kimm, hat jeder
de allergrößte Freud!

und kommt die letzte Stunde,
und i mach d' Augen zu,
erst dann ham die Soldaten
d' Jaager und Schergn a Ruh.
Da wird sichs Wild vermehren,
unds ganze Korn geht drauf,
und d' Bauern, de wern rufen:
Hiasl! Steh nochmal auf!

Die Festnahme geschah so, daß alle früheren Räubergeschichten verblassen mußten.
Nachdem in Augsburg eine große Versammlung aller Stände des schwäbischen Landes einstimmig beschlossen hatte, daß man ein großes Kriegsheer aufstellen solle, um die „wilde Rotte" zu vernichten, wurde der Premierlieutenant Schedel, ob seiner großen Kriegserfahrung wegen, zum Kommandanten auserkoren.
Am Abend des 13. Januar war der Hiasl mit neun anderen Leuten seiner Bande ins Wirtshaus Osterzell gekommen. Für die Nacht wurden Wachen ausgestellt; am Morgen zog sie der Hiasl wieder ein. Kurz danach, um sieben Uhr, traf bei dichtem Nebel der Schedel mit etwa dreihundert Mann ein, nachdem er in der Nacht vorher vergeblich das Dorf Frankenried umstellt hatte. Jetzt wurde Osterzell umzingelt. Am Dorfrand stieß der Premierleutnant zufällig auf das kleine Wirtstöchterlein, das in aller Unbefangenheit Dinge erzählte, die dem Kommandanten die Gewißheit gaben: Der Bayerische Hiasl steckt mit seiner Bande im Wirtshaus! Er ließ alle benachbarten Häuser besetzen, ungesehen konnte eine auserlesene Sturmgruppe bis unter die Wirtshausfenster anschleichen. Da wurden sie im letzten Augenblick vom „Buben" entdeckt. Im Nu waren alle Wildschützen an den Gewehren.
Der Kampf dauerte über vier Stunden. 3 Tote und 23 Verwundete gab es bei den Soldaten. Die Bande hatte gegen elf Uhr zwei Tote; verwundet waren alle, zwei davon so schwer, daß sie die Küche auch dann nicht verlassen konnten, als sie von Soldaten, die irgendwie aufs Dach gekommen waren, von oben her in Brand gesteckt worden war. Das mörderische Gebrüll dieser beiden, die „förmlich lebendig gebraten und verbrannt wurden", scheint den sechs Überlebenden die Widerstandskraft genommen zu haben; kurz nach elf Uhr baten sie um Pardon. Sie wurden gefeselt und nach Dillingen gebracht.
In dem Urgicht, der Urteilsbegründung, ist der Osterzeller Kampf mit folgendem Wortlaut niedergeschrieben:
Endlich, und 50.) hat der Hiesel im Wirthshaus zu Osterzell seine Lasterbahn vollendet, und seiner auf das äußerste gebrachten Vermessenheit das Siegel aufgedrücket, da er sich nicht nur in die hartnäckigste Gegenwehr gesetzet, sondern auch einen Jäger, und

zween Soldaten plötzlich erschossen hat. Ohne einer Menge anderer höchststräflicher Verbrechen zu erwähnen, hat also gegenwärtiger Missetäter, nur in so weit, als man dessen hartnäckiger Bekenntniß, und vohandenen Kundschaften rechtlich ermessen konnte, zwölf der gewaltsamsten Raubereyen, acht besondere Landfriedensbrüche, und neun Todschläge, folglich in allem 29 der abscheulichsten Lastertaten wider sich, welche die Hochfürstl. Augsburgische weltliche Regierung bewogen haben, folgendes peinliche Endurtheil wider denselben zu fällen:
. . . Es wird zu recht erkannt, daß dieser Erzbösewicht . . . das Leben verwirket habe; weßwegen derselbe zu seiner wohlverdienten Strafe, Anderen aber zum abscheuenden Beyspiel dem Scharfrichter zu Handen und Banden übergeben, zur Richtstatt geschleifet, daselbst mit dem Rad, durch Zerstoßung seiner Glieder von oben herab vom Leben zum Tode gerichtet, alsdann der Kopf von dem Körper abgesöndert, dieser aber in vier Stücke zerhauen, auf den Landstraßen aufgehangen, der Kopf hingegen auf den Galgen gesteckt werden solle . . .“
Dieses Urteil wurde dem Mathias Klostermaier an seinem 35. Geburtstag eröffnet. Drei Tage später, den 6. Herbstmond 1771 wurde es in Dillingen vollstreckt.
An der Wirtschaft in Osterzell ist eine Gedenktafel angebracht.

Der Schwaiger Andreas von Feldafing

43 Straftaten hatte der Andreas Schwaiger „aus Feldafing in Baiern, Pflegeamts Stahrenberg, von Steingaden gebürtig, katholischer Religion, im 23ten Jahr seines Alters, verheurathet und Profession ein Schneider" gestanden, nachdem er im Dezember 1789 in Kaufbeuren endlich gefangen genommen und in Arrest gebracht werden konnte.

Angefangen hatte es schon kurz nach seinem 12. Lebensjahr, als er seinen Eltern einen großen und einen kleinen silbergefaßten Rosenkranz entwendete und kurz darauf einen Georgentaler zum Anhängen, ein silbernes Balsambüchslein, einen goldenen Trauring und anderes mehr.

Mit 13 Jahren kam er zu dem Schneider Joseph Daiser im Moos bei Rottenbuch in die Lehre, stahl dem Meister fünf Gulden und zwei silberne Ringe; als er erwischt wurde und die Beute zurückerstatten mußte, zündete er dem Meister das Haus an und verschwand. Bei seiner Großmutter in Murnau fand er Unterschlupf und erleichterte sie um 20 Gulden, bevor er zu einer Tante nach Schongau ging, von der er „12 Stück Baierische Thaler, 4 bis 5 Stücke Dukaten und eine silberne Gollerkette" mitnahm. Er kam dann nach Steingaden, stahl drei Stücke Leinwand aus einer Haustenne und sieben von der Bleiche . . .

In der Rottenbucher Hofmark scheint er eine Zeitlang gearbeitet zu haben, wohl als Störschneider. Dabei hat er entweder Ruhe gegeben oder ist nicht erwischt worden. Erst 1787 liegt nach seinen Geständnissen die nächste Tat, als er in Wildsteig flachsenes Tuch geraubt und für 20 Gulden verkauft hat. Ähnliche Diebereien gibt er für Roßhaupten, Hohenfurt, Murgenbach, Kohlgrub, Erpftingen, Obergermaringen, Bernbach, Niederhofen, Weil und Sachsenried zu. „Das Maas dieser Verbrechen aber vergrößerte der Bösewicht am 18ten Jäner 1789, da er Abends zwischen 4 und 5 Uhr auf dem Wege von Landsberg nach Weil den Mahlknecht Mathias Huber mit einem Tremel (Stangenstück), den er bey einem Kreuz abgerissen, mit vier bis fünf Streichen ermordete. Nach geschehener That beraubte er denselben seines Geldes, das in 9 bis 10 fl. bestanden hatte und einer silbernen Hutschnalle, die er für fl. 2 verkaufte. Der

unglückliche Mahlknecht, welchem die Hirnschale und das Nasenbein zerschmettert waren, gab noch selbige Nacht in der Mühle zu Weil den Geist auf.
Dieser Tat scheint Andreas Schwaiger damals nicht verdächtigt worden zu sein; denn als er „kurz danach, am Sonntag vor Lichtmeß 1789 zu Bairstoffen in ein Haus einbrach, mit einem dort gefundenen Beil die Stubenthüre aufsprengte und aus einer offenen Truhe in der Kammer 1 silberne Kette sammt Masche, 3 Schazgelder, 2 Stükle flächsen Tuch und 1 beinerne Dose, auch in der Stube 1 sammete Kappen und 3 Wachsstöcke" stahl, wurde er „von dem Löbl. kur-baierischen Landgericht zu Landsberg dieses letztern Verbrechens halber in Inquisition genommen aber – wohl nachdem er den in Stoffen angerichteten Schaden von 50 Gulden und 57 Kreuzer ersetzen konnte – bald wieder freigelassen. So konnte er schon am Josephstag weitermachen, brach in Frankenried ein und stahl dem Michael Mangold verschiedene Sachen, die „eidlich auf 23 Gulden, 18 Kreuzer geschätzt worden".
Dösingen, Ingenried, Wahlhaupten, Rosenwiese in der Rottenbucher Hofmark, Altenstadt, Hausen, Gutenberg, Eyrishofen und Westendorf sind weitere Orte, die er in seinem Geständnis nannte.

„Endlich und 43.) hat dieser entsetzliche Mensch allhier zu Kaufbeuren 1789 den 23ten Decembris Abends zwischen 5 und 6 Uhr die Sabina Lechnerin, Dienstmagd der Jungfer Catharina, Elisabeth Heinzelmännin, während letztere in den Laden gegangen, und bei ihrer Zurückkunft auch sie selbst, mit vielen Schlägen und Hieben jämmerlich ermordet. Diese schreckliche That verübte er mit einem Beil, welches er schon um Martini, in der Absicht sie zu begehen, seinem Schwager Johann Adam Salfemoser in Oberiglingen gestohlen hatte. Schon 3 mal war er in der Absicht, die Jungfer Heinzelmännin zu ermorden, in Hoffnung alsdann Geld und Waaren rauben zu können, hieher gegangen, doch führte er den verruchten Entschluß erst an gedachtem 23ten Decembris aus, an welchem Tag er deßhalb von Murnau nach Kaufbeuren gekommen war, und das ohnfern der Stadt in einem Busch versteckte Beil mitgebracht hatte. Da aber der Verbrecher merkte, daß seine fürchterlichen Mordthaten schon ruchbar zu werden begannen, so entfloh

er durch die Dachlichte auf ein benachbartes Dach, wurde auch da entdeckt, endlich gefangen genommen und in Arrest gebracht, wo er dann sämmtliche vorhin genannten Verbrechen gutwillig eingestanden hat.
Deßhalb hat nun ein Hoch und Wohledler auch Hoch und Wohlweiser Magistrat dieser H. R. Reichsstadt Kaufbeuren auf eingeholten Rath der Rechtsgelehrten vermöge habender K.K. allergnädigster Freyheiten und nach Innhalt Kaiser Karl V. peinlicher Halsgerichts Ordnung mit Urthel einhellig zu Recht erkannt, daß dieser hier unten gebundene Andreas Schwaiger wegen seines verübten Brandes, mehrerer Diebstähle und gefährlicher Einbrüche, auch dreyfach vorsetzlichen Mordthaten, ihm selbst zur wohlverdienten Strafe, andern aber zu einem abschreckenden Exempel in einer Kühhaut zum Richtplatz geschleift, daselbst mit dem Rad von unten hinauf vom Leben zum Tod gerichtet, auch nach vollbrachter Execution sein Körper aufs Rad geflochten werden solle.
Von Rechts wegen. Publicatum publice den 29ten May 1790."

(Daten und Zitate aus „Urgicht und Urthel, betreffend den Andreas Schwaiger aus Feldenfing in Bayern . . . Gedruckt in der H.R.R. Stadt Kaufbeuren bey F. J. Dorn, und I. A. Kämpf.)

Die Riedlbande von Apfeldorf

Das Riedlanwesen in Apfeldorf war, wie man so gesagt hat, ein schönes Sach. Sogar zwei Ochsen waren da, und auf dem Haus keine Schulden. Geschrieben haben sie sich Spicker, aber wie es damals gang und gäbe war, wurde die siebenköpfige Familie nach dem Hausnamen die Riedl geheißen. Abgesehen davon, daß der alte Riedl seine Freude am Wildbretschießen hatte, am Wildern also, daß die Buben am Lech drunten fischten und die Mädeln Krebse fingen, und daß die Alte mehr konnte als Äpfel essen, abgesehen davon gab es nichts Auffälliges bei der Familie.

Erst dann, wie den drei Buben der Bart zu jucken anfing, in den Gesichtern, da war's bald so weit, daß ihnen das vom Vater überkommene Wildbretschießen nicht mehr genug abgab. Sie trieben sich in der Gegend herum, waren bald von der Ammer bis zum Lech hinüber bekannt wie die roten Hund und warfen mit den Gulden um sich, grad wie wenn sie einen Geldscheißer hätten. Und weil's zu der gleichen Zeit anfing, daß einmal bei dem einen Bauern eingebrochen wurde und dann bei einem andern, bei den Müllern und sogar in den Pfarrhäusern, drum hat mancher gemeint, er müßte es den Riedlbuben schon einmal hinreiben, im Wirtshaus, wenn sie wieder gar so lustig ihre Silberstücke springen ließen, daß dieses viele Geld nicht gut von einer ehrlichen Arbeit kommen könne. Hat aber jeder bereut, der das Maul aufgetan hat, gegen die Riedlbuben! Da ist der eine grün und blau geschlagen worden, auf dem Heimweg, und damit ist er noch gut davongekommen; bei anderen hat der Stadel zu brennen angefangen oder gar das Haus. Und das alles, während die Riedlbuben noch seelenruhig im Wirtshaus gezecht haben. Für solche Sachen hatten sie längst ihre Helfer und Helfershelfer gehabt; drum ist ihnen auch niemand auf die Schliche gekommen. Und der Gendarm, der gemeint hat, er könnte in dem Apfeldorfer Haus etwas finden, der ist jedesmal unverrichteter Dinge wieder abgezogen. Dabei wurden sie immer frecher, packten Leute am hellichten Tag auf den Straßen an, raubten den Pfarrer von Kinsau aus bis auf die Haut, so daß er nackend bis Hohenfurch laufen mußte. An einem heiligen Ostersonntag geschah der erste Mord. Sie wollten zur Kirchenzeit die Kramerin in Mühlhausen

ausrauben, wurden aber von ihr überrascht und erschlugen sie.
Bis nach Rosenheim und Kempten dehnten sie zu dieser Zeit ihre Raubzüge aus und hatten überall ihre Freunderl. Eines Tages kam der Egwolf Dami von Thaining zu den Brüdern und bot ihnen rundheraus an, daß er mitmachen möchte, aber sie müßten ihn verstekken, er könne sich nimmer sehenlassen.
Der Dami war weit herumgekommen im Land, konnte Kugelstutzen auseinandernehmen wie kein anderer, brachte jedes Schloß auf, und es hieß, was er einmal gesehen habe, das könne er nachmachen. Vor etlichen Jahren war er Knecht gewesen, beim Wirt in Thaining, wurde erwischt, wie er Geld stehlen wollte, angezeigt und auf etliche Jahre ins Eisenhaus nach Landsberg gesteckt. Dort schwur er dem Wirt tödliche Rache. Kaum war er frei, streckte er den Wirt tatsächlich mit einem Schuß nieder und ging zur Riedlbande. Er kam nicht mit leeren Händen; einen großen „Ochsenhammer" brachte er mit, mit dem konnte er Münzen schlagen. Ausgerechnet dies brachte die Bande ans Licht.
Ein altes Weib aus Apfeldorf war zum Holzklauben ins „Verlorene Gut" am Engelsrieder See gegangen. Da hörte es mit einem Mal gewaltige dumpfe Schläge aus dem Erdboden kommen und meinte nicht anders, als der Leibhaftige selber oder zumindest seine Hexen trieben da drunten ihr Höllenwerk. Sie schlug das Kreuz, lief auf und davon und fiel auf der Rotter Straße einem Gendarmen auf, der nicht anders meinte, als die Alte habe etwas gestohlen. Er glaubte weder an Hexenwerk noch daß der Teufel im Spiel war – und noch am gleichen Tag wurden die drei Riedlbrüder Kaitan, Hanns und Seppl gefangen. Bloß der Dami war entwischt; aber dessen Versteck verriet seine eigene Frau.
So geschehen im Jahr 1833.
Die ganze Bande ist in Ketten geschlagen nach München gebracht worden. Dort legten sie protzig ihre Geständnisse ab und trumpften damit auf, was sie für Burschen gewesen sind. Aber keiner hat sein Urteil vom irdischen Richter empfangen; noch während die weitläufigen Untersuchungen liefen, starb einer um den andern auf geheimnisvolle Weise.
Jahrelang ist Räubergut, echtes und falsches Geld ans Tageslicht gekommen. In Höhlen am Engelrieder See und am Lech, in Brun-

nen, hohlen Bäumen, sogar in Starenkästen, unter großen Steinen und Baumstöcken, bald hier und bald dort hat jemand was gefunden. Und wenn's der Zufall grad haben möchte, könnte heut noch einer was finden, von dem versteckten Zeug der Riedlbande.

Die Hexe von Steingädele

Zwischen Steingaden und Lechbruck liegt das kleine Dorf Steingädele. Es mag ein Dutzend Anwesen gehabt haben, als um das Jahr 1575 dem Marstaller des Prämonstratenserklosters Steingaden, Hans Nigel, zuerst ein Schwein umgekommen und bald darauf sein sechsjähriger Sohn gestorben war. Das eine wie das andere geschah unter Umständen, die ihm nicht geheuer vorkamen; und er meinte auch zu wissen, wo er die Schuldige zu suchen hatte: bei seinem Nachbarn, in dessen Haus die Lucia Geigerin im Austrag hauste.
Weil der Nigel zunächst nicht recht wußte, was er mit seinem Verdacht anfangen sollte, ging er nach Kaufbeuren, das zwar gerichtmäßig für Steingädele nicht zuständig war aber einen *Nachrichter* (Henker) hatte, den der Marstaller um Rat fragte. Die Auskunft war so, daß Hans Nigel alsbald bei seinem Klosterrichter in Steingaden Klage gegen die Geigerin erhob und sie beschuldigte, sie habe sein Schwein auf einer Hexenfahrt zu Tode geritten und seinen Sohn ums Leben gebracht.
Die Geigerin wurde sofort in Eisen geschlagen.
Auf die Fürbitte der *ganzen Gmain* hin vermittelte der Konventuale und Kellermeister Jörg mit Erfolg: Nigel war damit einverstanden, wenn man die Geigerin wieder freiließ, mit der Drohung freilich, *daß es nit mehr so leslich zugehen werd, wofern mehr* (nochmal) *ain Klag von einem Nachbar komm.*
Zwölf Jahre lang blieb dann die Lucia Geigerin frei von jeder gerichtlichen Verfolgung, wenn auch nicht frei von Verdächtigungen.
Anfang Mai 1587 machte Michael Strauß, der in Steingädele *hinter dem Gotteshause* wohnte, beim Land- und Stadtgericht Schongau folgende Anzeige: Innerhalb von fünf Stunden waren ihm, dem Strauß, zwei Mutterpferde umgestanden. Beim Abdecken (Abzie-

hen der Häute) hat sich herausgestellt, daß sie zwischen Haut und Fleisch blau und schwarz waren. Der Wasenmeister gab ihm den Rat, etwas zu unternehmen, sonst komme er um sein ganzes Vieh. Daraufhin, so Strauß weiter, habe er die Wahrsagerin Els in Ettering befragt. Die gab ihm Kräuter mit und die Anweisung, er solle die Person, auf die er einen Argwohn habe, meiden und nicht ins Haus lassen. Kaum nach Steingädele zurückgekehrt, habe ihm ein Knecht hinterbracht, daß die Geigerin gesagt habe, *der Michl Strauß wisse wohl; wer ihm die Rosse geritten und werde demselben Menschen gar feind sein.*
Daraufhin wurde die Lucia Geigerin auf Geheiß des fürstlich bayerischen Land- und Stadtrichters von Schongau, Philipp Lidl, festgenommen.
Sie war inzwischen Witwe geworden. Ihr Alter gab sie so an, daß sie im Bauernkriege (1525) *ein säugend Kind* gewesen sei. Demnach war sie zur Zeit ihrer Festnahme 62 oder 63 Jahre alt. Sie lebte im Austrag, *in truckener Pfründt,* bekam also nicht die Kost sondern nur vereinbarte Naturalien, bei ihrem *halben Tochtermann* Bastl Keßl, der die Witwe ihres Sohnes geheiratet hatte. Sie besaß ziemlichen Hausrat, ein Bett *mit Gewandt* und eine eigene Kuh. In dem Eröffnungsprotokoll wird sie als fleißig und sparsam bezeichnet und ihre Verträglichkeit wird besonders hervorgehoben. Mit dem halben Tochtermann allerdings lebte sie in Unfrieden. Er beklagte, daß sie ihn *immer schmähe,* auch mit seinen Leuten herumstreite und nachts oft schreiend im Haus herumlaufe, angeblich wegen eines Krampfes in den Füßen. Wie er sie deswegen einmal gestraft habe, hätte sie ihn einen Schelm und Dieb geheißen und gedroht, sie wolle ihm das noch vergelten, daß er *sein Lebtag daran gedenk.*
Strauß gab zu Protokoll, daß die Geigerin, wenige Tage nachdem die Pferde eingegangen waren, in sein Haus eingedrungen sei, und auf die Frage, was sie hier zu schaffen habe, gab sie keine Antwort. Darum wies er sie aus dem Haus mit dem Beisatz: *sie wiß ja wol, wie die Sach sten.* Sie aber habe ihm erwidert: *was er sag! Sie sei wol öfter in seinem Haus gewest.* Als er sie dann zur Tür hinausdrängte, schrie sie: *bist gleich so großer Schölm, als ich ein Unhold.* (Unhold war eine Umschreibung des Wortes Hexe, das man vermied um nicht eine herbeizureden.) Zwei Tage nach diesem Auftritt war

dem Strauß auch noch ein drittes Pferd eingegangen, das beim Abdecken die gleichen Erscheinungen bot wie die andern beiden, und der Abdecker hatte ihm versichert, daß er seit der damaligen Arbeit *schier keine gute Stund mehr hab.*

Bei seiner Anzeige zog der Michl Strauß auch die alte Sache mit dem Schwein und dem Söhnchen des Marstallers wieder heraus mit dem Verdacht, die Geigerin lasse jetzt, nach zwölf Jahren, ihren Zorn an ihm aus, weil eine Tochter des Marstallers sein Eheweib geworden sei; so habe er schon vor dem Tod der Pferde gemerkt, wie seine Kühe vermolken waren, wovon ihm allerdings der Nachrichter von Schongau geholfen habe.

Auf Ersuchen des Landrichters vernahm der Hofmarksrichter Joachim Wiedemann zu Steingaden die übrigen Bauern von Steingädele als Zeugen. Die Einvernahme schien nicht zur Zufriedenheit des höheren Gerichtes in Schongau ausgefallen zu sein. Also zog das Landgericht die Verhöre wieder an sich. Sie geschahen nunmehr vor einem Dreierkollegium, bestehend aus dem Stadt- und Landrichter Philipp Lidl, dem Stadtkammerer Hans Stadtmiller und dem Rathsverwandten Hans Rueff.

Zunächst bestätigten der Abdecker Caspar Pfister und der Nachbar Berthl Müller, daß die Rösser unter der Haut blau und schwarz waren und daß sie auch Geschwüre hatten, für die sie keine natürliche Erklärung wüßten, weshalb der Abdecker Pfister meinte, *er zeiche Niemand, aber die geigerin habe von meniglich ein böß geschrei, allenthalben einen schlechten Ruf.*

Bei den Vernehmungen der andern Bauern von Steingädele ging es um das Vermelken der Kühe. Sieben der Zeugen hatten dazu überhaupt keine Wahrnehmungen vorzubringen. Einer gab an, *wenn es recht zuging,* müßten seine Kühe eigentlich mehr Milch geben. Ein anderer fand es auffallend, daß der verstorbene Mann der Geigerin immer Schmalz auf den Markt nach Füssen bringen konnte, was keinem andern möglich war. Ein dritter beklagte ebenfalls geringen Milchertrag, ließ sich aber auf keine Verdächtigungen ein.

Da war aber noch der *halbe Tochtermann* Bastl Keßl. Der hatte festgestellt, daß sein eigenes Vieh immer dann mehr Milch und Schmalz gab, wenn statt seiner Hausfrau die Schwiegermutter Lucia das Melken besorgte. Er gab auch zu Protokoll, die Nachbarn hätten ihn immer wieder darum angegangen, er soll doch seine Schwiegermutter nicht mehr melken lassen, weil sie die Milch der Nachbarskühe hinüberziehen könnte, auf die Kühe, die sie melke. Sonstige Absonderlichkeiten, die ihm aufgefallen waren: Die Lucia rahme die Milch nicht mit dem Finger ab wie üblich, sondern mit einem Messer, und das Geschirr spüle sie mit dem Haar von Kuhschwänzen und nicht mit einem Hadern. Außerdem habe sie seiner Frau von einem roten Wein zu trinken gegeben, von dem er nicht wisse, woher er käme und was er davon halten soll.

Die Lucia Geigerin wies jede Schuld von sich. Dem Strauß habe sie zwar gesagt, *er lüg wie ein Schölm und Dieb,* bestritt aber gesagt zu haben, *er sei gleich so großer Schölm als sie ein Unhold.* Mit dem Tod der Rösser habe sie nichts zu tun. Und mit der Milch sei es so, daß wenn man dem Vieh kein richtiges Futter gebe, könne man auch nicht viel Milch melken. Sie habe ihren Kühen immer gutes Heu gegeben, wie es bei den Nachbarn bloß die Rösser bekamen; das Schmalz habe sie zusammengespart, während es die andern selber verzehrt hätten. Den roten Wein habe ihr vor einem Jahr ihr Schwiegersohn Anthoni Häring aus Füssen mitgebracht.

Zu dem Röttersterben und dem Kühevermelken wurde als dritte Klage noch die vor zwölf Jahren geschehene Sache mit dem zu Tode gekommenen Söhnchen und dem eingegangenen Schwein des Marstallers Hans Nigel untersucht, der inzwischen verstorben war. Etliche Nachbarn bestätigten den Vorgang, brachten ihn aber nicht mit der Geigerin in Zusammenhang. Einer sagte aus, der Nigl habe damals behauptet: *wenn sie nit wär, so wele er sein Kindt noch haben.* Und das, fügte der Zeuge hinzu, habe die Geigerin nie abgestritten sondern die Leute reden lassen, auch dann noch, als man sie gemieden *und allwegen geflohen hat.*

Zu diesem Punkt brachte die Geigerin zu ihrer Verteidigung vor, *der Arckwon sei ein Schalk.* Von dem Schwein wisse sie überhaupt nichts. Der Bub habe damals ihre Gänse geschlagen; deswegen hätte sie gezürnt und ihm gedroht, *sie wel es seiner Mueter sagen, die mieß Im wol abschmieren.* Bald darauf wurde er von den Kindsblattern befallen, woran er gestorben sei. An seinem Tod sei sie unschuldig.

Prälat Gallus Theininger wollte all den Erhebungen ein Ende ma-

chen und ließ durch seinen Magister Dester bitten, *dahin zehandeln, daß die Nachbarn der Beschwerde mit der Geigerin mechten abkommen,* denn Strauß habe zwar so manches Jahr wenig Milch gehabt, *aber Maister Jörg, der Nachrichter zu Schaingau,* habe dem immer abhelfen können.
Der untersuchende Richter Philipp Lidl gab jedoch dieser Bitte nicht statt sondern legte die Untersuchungsakten dem herzoglichen Hofrat in München vor. Dabei fügte er noch den Vermerk an, die Geigerin habe auf Straußens Anzeige hin in ihrer Herberg alles in ihre Truhe geklaubt und sich mehrere Tage lang nicht im Ort aufgehalten. Sie hätte dann, bei der Vernehmung, auf etliche Anschuldigungen nicht recht geantwortet, *sich auch gar verdächtiglich gehalten,* und so schloß der Vernehmungsbericht: *Hieneben khinden Euer Fürstl. Gnaden wür nit bergen, das dis weüb bey gewestem und jetzigen Herrn zu Staingaden, auch im ganzen Aygen* (klostereigenem Dorf) *vül Jar und noch, Gott, behiet, als ein böse Hechs in großem Verdacht.*

Ohne Versäumnis kam der Hofratsbefehl aus München an das Schongauer Gericht:
Von Gottes gnaden Ferdinand, Herzog In obern unnd Nieder Bayrn ec. Nach dem Grußwort und der Empfangsbestätigung wird zunächst darauf hingewiesen, wie gefährlich es sein kann, *auff blosse verdacht der Nachparn,* jemand *deß Hechsenwerckhs* zu bezichtigen. Weil die Angeklagte aber nichts bekennen will und sich früher nicht darum bemüht hatte, sich von dem Verdacht zu befreien, soll man sie zuerst bei einem Pfarrer beichten lassen, der es versteht, sie zu Reue und Buße zu ermahnen. Danach, *Sy beichte oder beichte nit, ihr den Daumstockh anlegen, unnd gleich wann man das Ave Maria abents leüttet, ettwas zuziehen lassen* mit der Drohung, daß wenn sie die Wahrheit *güettlich nit bekhenne,* dies zu strengerer Peinigung Ursach gäbe. Dabei solle man ihre nicht nur die in der Vorverhandlung gestellten Fragen wiederholen sondern auch erforschen, was sie veranlaßt habe, in das Haus des Michael Strauß zu gehen, was sie darin getan hat oder hätte tun wollen, warum sie Strauß den Grund für ihr Eindringen nicht mitgeteilt habe, warum sie ihre Nachbarn nicht verklagt hat, nachdem diese ihr so oft das

Hexenwerk nachgesagt hätten. *Weiters, wie offt sy deß Jars, unnd sonnderlich ob sy heur gebeichtet, unnd communiciert habe, unnd welchem Priester, dabey Ir erfahrung einziehen möcht, ob Ime also. Item, ob Ir nit der böß feind offt erschinen, in was gestalt, was er sy gelernet und angewisen, Item ob sy nit die Els Warsagerin khennt,* wie lange und was sie mit ihr zu schaffen gehabt habe, ob ihr die Els etwas beigebracht und ob sie ihre Tochter auch unterwiesen habe. Dann, warum sie alles in ihre Truhe geklaubt habe, wohin sie gegangen sei und was sie dort vorhatte. Wenn weitere Verdächtigungen auftauchen, soll man ihr solche ebenfalls vorhalten. Weil aber die angezeigte Lucia vorgibt, des Marstallers Söhnlein sei an den Kindsblattern verstorben, *solt Ir unverdechtige erfahrung einziehen. Deßgleichen demnach Ir Ayden* (Schwiegersohn) *der Anthoni Hering sagt, er hab Ir den rotten Wein vor einem Jar von Füessen pracht, sie aber Sieben wochen vor Fasnacht bekhennt,* ist der Antoni ernstlich anzuhalten, die Wahrheit zu sagen, mit der Warnung, *werde er mit der sprach nit lautter herauß, so mecht er zu annderm ursach geben.* Bei der Geigerin ist genau darauf zu achten, ob sie in der Tortur oder sonst Tränen vergieße. Über alle Vorfälle, Aussagen und Feststellungen ist *unns umbstendlich und lautter, unnd in allwegen, darneben zu berichten, ob die Els waarsagerin in unnserm gepiett, unnd wie sy beschrayt, An diesem volzieht Ir unnser hayssen. Dat. München am 13. May Anno ec 87. – O. Herburg.*

Als der Schongauer Richter dieses Schreiben in Händen hatte, schritt er zum peinlichen Verhör. Lucia wiederholte die Angaben, die sie *im gütlichen* schon gemacht hatte. Zu den neuen Vorhaltungen sagte sie aus, sie wäre zu friedlich und zu gering, als daß sie ihre Nachbarn wegen der Nachrede hätte verklagen wollen. Beklagt hätte sie sich nur bei ihrem Schwiegersohn Häring, der am Escheberg wohnt; bei ihm wäre sie auch gewesen, als sie den Ort verlassen habe. In das Haus des Strauß wäre sie gegangen, um sich wegen seiner Anschuldigungen zu rechtfertigen. Wenn sie wirklich *eine solche* wäre, hätte niemand ihre Kinder geheiratet. Wie alljährlich, so habe sie auch heuer die österliche Beichte und Kommunion verrichtet. Ihre Tochter, dem Eheweib des Häring, habe sie nichts Böses gelehrt, auch von der Wahrsagerin Els nichts dergleichen ge-

lernt. Mit dieser wäre sie überhaupt nur wegen einiger Tränke, die ihr dieselbe für ein Körperübel geschickt habe, in Verkehr gekommen.
In dem Aktenmaterial befindet sich kein Hinweis darauf, ob und mit welchem Erfolg die Inquisitin nach ihrem Umgang mit dem bösen Feind befragt worden ist.
Die sonst einvernommenen Personen machten folgende Aussagen: Der Schwiegersohn Häring vom Escheberg bestätigte, was Lucia von ihrem Gang zu ihm angegeben hatte. Der Klosterprior, als Kurat der Pfarrei Urspring, erklärte, der Beichtzettel befinde sich bei ihm. Die Häringerin versicherte bei ihrem Eid, daß sie *so lang und viel sie um ihre Mutter gewest, nichts Böses von ihr zu sagen wisse.* Über den Tod des Knaben wußte Hans Spindler, nach einer damaligen Äußerung der Einnäherin habe der Bub vor seinem Tode einen Ausschlag gehabt. Hans Nigel und Schelle sagten aus, vom Marstaller gehört zu haben, das Kind *sei von der Geigerinn erschröckt worden;* Jörg Schwaiger wußte die Sache so: Als das Kind *in Seelenzelten gangen* (in die Häuser ging, um nach Brauch und Sitte Allerseelenfladen zu erbitten), sei er von der Geigerin dermaßen *angefahren und erschröckt* worden, daß sich der Marstaller nicht ausreden lasse, *wann solches nit geschechen, so wer ihme der Bueb nit gestorben.*
Maria, die Tochter des Marstallers, die nunmehr mit dem Michl Strauß verheiratet war, gab an: Damals, vor zwölf jahren, ist sie zusammen mit ihrem Bruder *in Seelenzelten gangen.* Auch bei der Lucia erhielten sie beide einen Zelten, weil aber ihr Bruder einmal die Gänse der Lucia geschlagen hatte, sagte diese zu ihm: *ich sollte Dir nichts geben, Du hast mir meine gänns geschlagen, ich will Deinem Vater ainen Arm vol ruetten* (Ruten) *bringen, die mueß er an Dir erschlagen.* Ihr Bruder erschrak darüber so, daß er zitterte. Am selben Tag überfiel ihn eine Krankheit, während der er etlichemal vom Bett auffuhr und schrie: *weh Vater die Geigerinn kommt.* Diese Krankheit dauerte 14 Tage, dann bekam er die Kindsblattern und starb am 4. Tag darauf. Nachher klagten die Eltern bei jeder Gelegenheit: *Sie wollten ihr Khindt noch haben, wenn die Geigerinn nit wer.*
Diese Aussagen berichtete der Schongauer Richter nach München

und fügte, getreu seinem Auftrag, als Bemerkung über die Beobachtungen während des peinlichen Verhörs bei: *Geigerinn hat vor und nach der Tortur geschrien und gethon als waine sy, aber kein zecher* (Zähre, Träne) *gefeldt.*
Trotz der damals herrschenden Auffassung, fehlende Tränen während der Tortur seien ein Zeichen dafür, daß der Teufel der Gefolterten Beistand leiste, kam als Antwort auf den Bericht der Befehl Herzog Ferdinands, *Luciam Geigerinn ihres Verhaftes straffrei* zu entlassen.
Bevor dies geschehen konnte, waren noch zwei Dinge zu erledigen: Der Klosterrichter hatte mit einem *Zehrpfennig* für die Haftverpflegung aufzukommen, und die Geigerin mußte einen *Urphedebrief* (eine eidliche Versicherung, niemand etwas nachzutragen) unterzeichnen. Darin heißt es unter anderem:
Ich Lucia Geigerinn obm Khlaine Staingedle, Staingadner Hofmarch, Bekhenne daß ich . . . wolverrschuldter sachen halber merere Straff verschuldet. Aber auf Hochgedachts meines gnedigsten fürsten und Herrn Bevelch Des verhaffts unnd Straff . . . genedig erlassen worden. Dann werden alle aufgeführt, denen sie *weder mit worten noch werckhen, in khain weiß* etwas nachtragen dürfe. Sie mußte geloben, *sich Fürzenemen, alles Hechsenwerchs unnd anndere unthaten unverdächtig* zu werden. Andernfalls möge die Obrigkeit *ungefrefelt nach mir greiffen, nach unbarmherzigkhait unnd aller Strennge gegen mich verfahren, Als mit ainer, die Iren Aydt, brief und Sigl nit gehalten. . . . Geschehen unnd geben Zue Schongaw Zwelfften Tag Juni als man von unnsres lieben Herrn unnd Seligmachers geburt gezalt hat Fünf-Zehen hundert Achzig unnd Sieben Jar.*
Ob es der Lucia Geigerin bewußt war, daß sie in der Urfehde ein Geständnis abgelegt hat?
Zwei Jahre später begann in Schongau der berüchtigte Hexenprozeß, bei dem mindestens 63 Frauen zu Tode kamen.

Das Geständnis der Hexe Anna Ritterin von Burggen im Schongauer Hexenprozeß 1589 – 1592

Im Jahre 1589 berichtete der Schongauer Stadt- und Landrichter, Hans Fridrichen Hörwarth von Hohenburg, fürstl. Bayer. Camerer, seinem Herzog Ferdinand, daß die ganze Herrschaft Schongau widerhalle von der lauten und allgemeinen Klage, weil der *Zauberei schändliches Laster zum Verderben der Einwohner* immer mehr um sich greife. Daraufhin erließ der Fürst eilig den Befehl *auf die Zauberei zu inquirieren.* Der große Schongauer Hexenprozeß begann. Nachdem die *gegriffene Unholdin Els Kerblin von Soyen* (Schwabsoien) gleich 17 *Gespilinnen* angab, mit welchen sie dem *Teufelstanze und Teufelsmahle* beigewohnt und sich mit dem *Belzebock in Unkeuschheit vermischt* habe, ist es kein Wunder, wenn der Prozeß Ausmaße annahm, wie sie auch in der damaligen Zeit außergewöhnlich waren. *Bei 63 Hexen* (die Zahl ließ sich am Schluß des Prozesses nicht mehr mit Sicherheit feststellen) sind *zu des Herzogs großen Rhuem, und unter lautem Dank zu Gott für eine Obrigkeit, die der geheimen Sinden und Laster so vleisige nachforsch gehabt,* in gut zwei Jahren hingerichtet worden. Über die Gründe mag das nachfolgende Protokoll als Beispiel Auskunft geben:

Anna Ritterin von Burgkaw pein und gietlige Aussag in Schongaw. Erstlich sagt und bekhennt diese Hexen, seit sechs Jahren habe sie für ihren gebrechlichen Mann viel Geld für Arzneien ausgeben müssen und auch sonst große Armut erlitten und oft nicht mehr das allernötigste zum Leben gehabt. Dabei haben auch ihre reichen Geschwister *gottnix* helfen wollen.

In diese ihre Armut hinein *sey der böse feindt ainmals* zu ihr in die Haustenne gekommen und habe vorgegeben, er wäre einer aus ihrer Verwandtschaft, er wolle ihr helfen und geben, was sie brauche. Er habe ihr fünf Gulden, in lauter halben Batzenstücken gegeben, die dann freilich nach einiger Zeit *zu Scherben worden.* Danach habe er begehrt, sie soll *sein sein, und seines willens thun,* und sie habe ihm gewährt, was er wollte, wobei sie sagen müsse, *seine Natur were sehr khallt.* Hernach habe sie ihm mit ihrer Linken in seine kalte Hand gelobt, sie wolle ihm mit Leib und Seele gehören, niemand anderem mehr anhangen und ihm allein unterworfen sein. Auf dieses Versprechen hin *hab sy Gott des herren und seiner Lieben muetter, der Junckhfrawen Maria, verleugnen und widersagen miessen, das Rheue sy von Herzen.*

Dieser Teufel, der ihr Buhle war, hat *Sathanus* geheißen. In einem kleinen hölzernen Büchslein habe er ihr eine schwarze Salbe gegeben, mit der sie das Vieh verderben konnte. Für solche Zwecke habe sie auch dort, wo in Burggen die unschuldigen Kindlein begraben werden, *ein Todskhindli ausgraben, dasselbe in Irem Hauß gesotten* im Beisein ihres Buhlen, aus dem Fett die Salbe gemacht, die Brühe gegessen und *die Painli verprennt.*

Mit dieser selben Salbe habe sie vor vier Jahren eine schwarze Kuh an Kopf und Hals eingeschmiert, worauf sie bald tot dagelegen sei. Außerdem habe sie vor fünf Jahren einen roten Ochsen, das Gericht möge verzeihen, im Hintern zu Tode geschmiert, der habe hernach nicht mehr länger als drei Tage gelebt. Außerdem habe der Stadtmüller von Füssen *bei ir zwo khue auf Zinß gehabt, item ein Roth und ein weiß Zinnßkalb,* die habe sie alle zu Tode geschmiert. *Mer vor 6 Wochen vor Irer gefenkhnus hab sy ir selbs ein Roths kheiblj auff die hüfft geschmirt, habe 4 tag lang gelebt.*

Weiter bekennt sie, voriges Jahr im Sommer beim Eschenbach und am Auerberg gewesen zu sein, die nahe beieinanderliegen. Dort

habe sie mit anderen neun Gespielinnen, die sie mit Namen nennen könne, *ein groß gewitter machen helffen,* dazu habe sie einen Teil ihrer Salbe, Haare aus dem Kopf und, das Gericht möge verzeihen, auch aus der Achsel und *auch von der scham geben.*
Ferner bekennt sie, daß *sy heur vor Ostern auf einer gabl, welche sy mit irer salben geschmirt, mit eine gespillin, die noch gefangen ligt, Gott behiet uns, ins Deufls Namen zum Forchen-Welldl gefahren, daselbs gėssen und Trunckhen.*
Als letztes bekennt sie, auf Befehl des bösen Geistes, das heilige Sakrament nach dem Empfang *drejmal aus dem mundt gethon zehaben, einmal in ein Diechlj in ir Truchen, hab aber selbs nix mer hernach finden* können. Und einmal *hab Sy es an die salb gemischt, daß Rheu sy.*
Nach solchen Geständnissen war das Urteil immer gleich:
In Peinlichen sachen, und auf fürstlichen bevelch, die befencknusste Anna Ritterin betreffend, ist auf derselben so wol gietlich alls peinliche Aussagen und bekhantnus hiemit durch mich Hans Friderichen Hörwarth von Hohenburg fürstl. Bayer. Camerer Stat und Landrichter allhie entlich zu Recht erkhant, das yetz bemelltes weib, wegen dem sy Gott dem Allmächtigen widersagt desselben und aller seiner lieben Heiligen verläugnet und verzichen (sich davon losgesagt), *mit dem bösen feindt Verbindnus gemacht, auch mit Ime sich fleischlicher vermischt, und annders Ires verbrechens mehr, mit Schwaerdt vom leben zum Tod gestrafft, und hernach Ire Tode Cörper durch feur verbrennt werden sollen von Rechtswegen.*
Die meisten der 63 Frauen stammten aus Ingenried und Schongau; die anderen von *Allttenstatt, Burgkaw,* (Schwab-)*Bruck, Dennhausen, Hohenfurd, Peitting, Saxenried und* (Schwab-)*Soyen.* Die meisten waren Bauersfrauen, von dem *Michael Hess von Soyen* waren – nacheinander – gleich zwei *Eheweiber* dabei; es waren aber auch drei Hebammen, eine Zimmermanns-, je eine Müllers-, Wirts-, Amtmanns- und sogar eine Richterfrau darunter.
Die Hexenverfolgungen wurden 1592 auf Antrag des Stadt- und Landrichters aus zwei Gründen eingestellt. Zum ersten, weil während *des Hexenprocesses alle anderen Gerichtshendel und Wendl vaciren mueßten,* weil also zu keinen anderen Gerichtsgeschäften mehr Zeit gefunden wurde; zum andern, weil in Folge der Strenge,

mit der vorgegangen worden war, seit Jahren weder an Leuten noch am Vieh *mehr Schadens beschechen und auch das liebe Getraid wieder reichlicher erwachsen, und eingebracht* worden sei.
Für wie bedeutungsvoll der Land- und Stadtrichter Hans Fridrich Horwarth von Hohenberg nicht nur seine durchgeführten Hexenprozesse sondern auch sich selber hielt, zeigt sein Vorschlag, daß zu Schongau auf einem öffentlichen Platz, *der Obrigkheit zu Rhuemb eine ewige Mergksaul als Denkmal des Processes, gemaureth, und erpauet* werden soll. Dieses Ansinnen wurde jedoch vom Landesfürsten abgelehnt.

(Beide Prozeßberichte nach den Darstellungen von Rath Her aus den Originalakten im Oberbay. Archiv XI. Band.)

VII
Von Straßen und Brücken

Das Steinerne Brückl bei Oberau

Die Olympiastraße führt nicht mehr darüber, über das steinerne Brückl, das zwischen Oberau und Farchant gelegen war. Nur wenn wir uns die Mühe machen und in den nassen Loisachwiesen suchen, können wir zwischen Bahndamm und Fluß einerseits und am Fuß des Niederen Fricken andererseits noch klägliche Reste von Verteidigungsschanzen finden. Am Steinernen Brückl bei (Ober-)Au war die kurbayerische Landesgrenze. Südlich davon lag die Grafschaft Werdenfels, die zum Hochstift Freising gehörte und erst 1803 bayrisch wurde. Bis dahin gab es bei Oberau nicht nur die Schlagbäume der Zöllner sondern auch die Schanzen der „Landesdefension".

Im Spanischen Erbfolgekrieg wurden 1702 die Schützen und Landfahnen aufgeboten, damit sie die Kaiserlichen, die Österreicher, an den Grenzen aufhielten. Unter den aufgebotenen Schützen war auch der Weilheimer Bildhauer Ignaz Degler, der erst ein paar Jahre zuvor in seiner Vaterstadt die Mariensäule geschaffen hatte. In den Kriegszeiten hörten auch für einen sonst so gesuchten Künstler wie ihn die Aufträge auf. „Allenthalben eine betrübte Zeit. Habe dermalen um keinen Kreuzer Arbeit nit", schrieb er in seinen Aufzeichnungen, die er über ein Vierteljahrhundert hinweg führte; am Steinernen Brückl wurden sie zum Kriegstagebuch.

Im Spätherbst 1702 war es noch ganz ruhig zugegangen: „Den 7. November haben wir Schützen von hier zu dem sogenannten steinernen Brückl in das Oberland reisen müssen, allwo eine neue Schanz von Pallisaden ist gemacht worden." In Buchwies, einem Anwesen, das etwa einen Kilometer ostwärts von Oberau liegt, haben die Weilheimer Schützen Quartier bezogen und sind sieben Wochen geblieben, ohne daß sie's mit einem Feind zu tun bekamen. „In die Weihnachtsfeiertage seind wir heimgegangen."

Beim zweiten Einsatz, im Sommer 1703 ging es dafür um so heißer her. Am 25. August mußten acht Weilheimer Schützen auf Befehl des Herrn Bürgermeisters und des Rats wiederum an das steinerne Brückl. Am andern Tag, nachmittags um vier Uhr, sind sie angekommen, und am 27. August brach der Sturm los.

„Der Feind ist ungefähr 8000 stark gewesen mit Tyroler Bauern und Schützen. Wir hingegen seind etwa 15 Schützen gewesen, 100 Mann

Regulierte Völker und bey 300 Bauern. Am Montag in der Früh bei Anbrechen des Tages haben die Kaiserlichen aus 4 siebenpfündigen Stucken auf die Schanz geschossen, haben aber keinen Schaden gethan und hätten bei der Schanz nichts ausgerichtet, wenn sie nicht über die Berge gestiegen und uns völlig umringet hätten. Alsdann haben sie von beiden Bergen auf uns in das Thal Feuer gegeben. Die Bauern, so bei der Schanz gestanden, und der Landfahnen von Abensperg haben angefangen zu laufen. Hernach seind 8 Compagnien bei der Luisach durchbrochen, lauter Husaren und Dragoner. Was sie haben angetroffen, haben sie niedergemacht und erschossen."

Von 43 eigenen Toten berichtet Degler und von 80, die sich Gefangen gegeben haben und nach Innsbruck geführt worden sind. Darunter waren fünf der Weilheimer Schützen, die dort „vor Hunger haben sterben müssen".

Ignaz Degler selber war schwer verwundet worden, hatte sechs Schüsse abbekommen und einen Hieb in die Achsel und ist „vom Herrn General Heister, so dermalen hat das Commando gehabt, durch langes Bitten pardonniert worden." Er kam dann ins Kloster Ettal, wo er als Bildhauer wahrscheinlich bekannt war und wurde soweit gesundgepflegt, daß er wieder heimkehren konnte.

Dieser Durchbruch beim steinernen Brückl bei Oberau hatte vor allem für den Markt Murnau verheerende Folgen. Darüber berichtet die Marktchronik: „Die Tiroler plünderten am 28. August den Markt und verübten einige Mordtaten. Nachts zehn Uhr ließ der kommandierende Offizier Gaston den Markt an vier Ecken anzünden, angeblich zur Vergeltung, weil Bayern ein Städtchen in Tirol niedergebrannt hätten. 107 Häuser, Mariahilfkirche und das Rathaus wurden zum Raub der Flammen. Die Bürger mußten mit Weib und Kind auf freiem Feld kampieren."

Die Kaiserlichen kamen bis Polling; das Heilige Kreuz wurde nach München geflüchtet. Endgültig besetzt wurde das Land erst im Jahr darauf; die Plünderungen und Quälereien führten zum Oberländer Bauernaufstand, der am Christtag des Jahres 1705 in der Sendlinger Bauernschlacht sein mörderisches Ende fand.

Die Ettaler Bergstraße

Als Kaiser Ludwig der Bayer im Jahre 1330 von seinem Italienzug zurückkehrte, erfüllte er sein Gelübde und gründete im Tal von Amperang das Kloster Ettal. Er konnte damals schon mit seinem unvorstellbar großen Gefolge die steile Straße von Oberau über den Kienberg hinaufziehen. Es ist eine uralte Verbindung zwischen den beiden Römerstraßen gewesen; deren eine, die Via Claudia, führte über den Reschenpaß und das Lechtal, die andere über den Brenner und die Täler der Loisach und Ammer nach der römischen Provinzhauptstadt Augsburg.

Diese Kienbergstraße, wie sie Kaiser Ludwig benützen konnte, dürfen wir uns nicht einmal annähernd so vorstellen wie die Fahrbahn der heutigen Bundesstraße 23. Vor allem war sie einspurig, hatte in den Fels gehauene Fahrrillen und eine Steigung bis zu 36%. Den Gegenverkehr bewältigte man mit Ausweichstellen und mit dem Geschick der Praxer, die jedem Fuhrwerk vorausgehen mußten und mit dem entgegenkommenden Praxer auszuhandeln hatten, wer auf der Ausweichstelle zu warten hat. Unten, in Au, das heute Oberau heißt, mußten Vorspannpferde gehalten werden, weil sogar leere Wagen mindestens sechsspännig, beladene aber bis zu achtzehnspännig hinaufgezogen werden mußten. Von Sätteln aus lenkten die Fahrer jeweils vier Pferde. Fahren ließ sich wohl

niemand; denn die Straße war so holprig, daß einem alle Knochen weh getan hätten. Reisende liefen zu Fuß hinter ihrem Wagen drein; Vornehme konnten eine Sänfte mieten oder ein Maultier. Es gab immer wieder Tage oder vielleicht auch einmal Wochen, in denen die Straße wegen Erdrutsch oder Steinschlag, wegen Schneeverwehungen oder Lawinenabgängen unbefahrbar war. Grundsätzlich wurde jedoch – wie auch über die Alpenpässe Brenner und Reschenscheidegg – der Verkehr den Winter über weitergeführt. Schlitten waren leichter zu ziehen als Wagen.

Weil das Kloster Ettal für die Instandhaltung der Kienbergstraße zu sorgen hatte, durfte es ein Weggeld einheben. Damit konnte es seine Wegmacher zahlen, die zum großen Teil in Ammergau wohnten. Unten, am Steinernen Brückl zwischen Farchant und Oberau, war die Grenze Bayerns zur freisingischen Grafschaft Werdenfels. Aus einer Liste für „Mauth- und Zolltarif-Aufschläg" des Kurfürsten Max Emanuel von 1722 wissen wir, was da alles an Waren hereingekommen ist: Tiroler und Florentiner Wein, Branntwein, Venetianer Öl, Sohlleder, Zuckerhüte, Kaffee und Tee, Baumwolle, bedruckte Leinwand, Batist, Musselin, Malines, Klöppelspitzen, Seidenstoffe, Gold- und Silberborten, Brokat, Samt und Damast, seidene Strümpfe und Handschuhe, baumwollene Beinkleider, Wollwaren, Spezereien, Galanteriewaren aus Gold, Silber, Stahl und Schildpatt, Silbergeschirr, Messing, Kupfer, Zinn und Blei – alles hatte seinen genau festgelegten Zolltarif.

Als größtes Transportereignis auf einer Bergstraße überhaupt wurde von der gesamten deutschen Presse im Jahre 1875 die Verfrachtung der gewaltigen Kreuzigungsgruppe gefeiert, die König Ludwig II. dem Passionsspieldorf Oberammergau geschenkt hatte. Aus Marmor gehauen, bis zu zwölf Meter hoch, mit einem 480 Zentner schweren Sockel, war dieses Werk zunächst bis zur damaligen Eisenbahnendstation Weilheim gekommen. Verhältnismäßig glatt brachte eine Straßenlokomotive alles bis Oberau; der Transport über den Kienberg forderte zwei Todesopfer.

Das Geschenk verdankte Oberammergau wohl dem Besuch des Königs im Jahre 1871. (Die Spiele 1870 waren wegen des Krieges abgebrochen worden.) „Niemand vor oder hinter ihm" ließ sich Ludwig II. die Passion vorspielen und wollte dabei einziger Zu-

schauer sein. Die Anekdote erzählt, daß hernach beim Empfang in Linderhof jeder der Darsteller einen silbernen Löffel überreicht bekam – nur Judas nicht; er wurde mit einem strafenden Blick belohnt, weil er den Herrn verraten hatte und mußte mit einem blechernen Löffel zufrieden sein.
Noch das ganze 19. Jahrhundert mußten die Passionsbesucher über den Kienberg nach Oberammergau, das erst im Jahre 1900 seinen Bahnanschluß nach Murnau bekam. Inzwischen war aber schon 1888 die neue Ettaler Bergstraße gebaut worden, mit einer Breite von fünf bis sechs Metern, auf der 1890 die meisten der 140000 Besucher mit Pferdefuhrwerken von der Bahnstation Oberau aus gefahren werden konnten.
Die heutige Straße erhielt ihre Linienführung zu den Passionsspielen 1930. Sie läßt nicht einmal mehr ahnen, wie abenteuerlich einst ihre Überwindung gewesen war.

Die Kesselbergstraße

Im Jahre des Herrn 1492 Jahr,
Albrecht, der Durchlauchtige, erkoren
Pfalzgraf bei Rhein, Herzog geboren,
Im Ober- und Niederbayernland,
Durch den Keselberg, also genannt,
Hat er den Weg und auch die Straßen
von seiner Köstung machen lassen.
Von München Heinrich Parth erdacht
den Sinn, dadurch es ward gemacht.

So steht es auf einer Gedenktafel aus Marmor, die ein Stück unterhalb der Paßhöhe in die Felswand eingelassen ist. Ihre Entstehung verdankt die Kesselbergstraße keiner langen Planungsentwicklung. Auch der Münchener Patrizier Heinrich Parth hatte zunächst etwas anderes vorgehabt, als hier eine Durchgangsstraße zu bauen. Er wollte Bodenschätze abgraben.
Der Walchensee mit seinen Ufern war Grenzgebiet gewesen. Der östliche Teil mit dem Fischerdörflein Walchensee gehörte zur Hof-

mark des Benediktinerklosters Benediktbeuern und war somit bayrisch. Der südwestliche Bereich, gegen Wallgau zu, lag in der Grafschaft Werdenfels und gehörte zum Fürstbistum Freising. Von Benediktbeuern nach Walchensee führte nur ein Saumpfad den Kesselberg hinauf, bis der Benediktbeurer Abt und der Münchner Bürger sich zusammentaten, um im Walchenseegebiet nach abbauwürdigen Bodenschätzen zu schürfen. Kupfer und Eisen, Quecksilber und Blei, sogar Silber und Gold waren immer wieder in kleinen Mengen gefunden worden. Jetzt sollte auf dem Grund des Klosters und mit dem Geld des Patriziers der Bergbau im Großen angegangen werden.

Nach jahrelangen Erkundungsschürfungen kam Parth zu der Einsicht, daß dort keine Reichtümer aus dem Boden zu holen waren. Weil er sich aber nicht nur um die Bodenschätze sondern auch um deren Verwertung Gedanken gemacht hatte, hatte er zwei Transportwege auskundschaften lassen, den einen über Wallgau nach Mittenwald und den andern über den Kesselberg nach Benediktbeuern. Diese Pläne ließ er sowohl dem Prälaten als dem Herzog unterbreiten; beide waren sofort Feuer und Flamme.

Der Herzog sah in der neuen Trasse eine strategisch günstige Heeresstraße mit einer kurzen Verbindung von München nach Tirol. Der Abt sah die Erfüllung eines jahrhundertealten Klosterwunsches greifbar nahe: Die Anbindung Benediktbeuerns an eine gro-

ße Durchgangsstraße. Das Kloster lag in einem verkehrsarmen Winkel; die Isarflößerei lief über Tölz, der Wagenverkehr auf der Weinstraße über Murnau und Weilheim. Nun war 1487 noch dazu der bedeutende Markt von Bozen nach Mittenwald verlegt worden. Mit einer Kesselbergstraße konnte Benediktbeuern Anschluß an den lebhaften Warenverkehr Deutschland-Italien finden.

Die technischen Schwierigkeiten zur Überwindung des Kesselberges schienen dem Heinrich Parth nicht größer zu sein als die über den Kienberg von Ettal nach Oberau. Mit neun großen Kehren wurden die zweihundert Meter Höhenunterschied bewältigt; 1492, im gleichen Jahr, in dem Columbus in Amerika landete, konnte die Straße in Betrieb genommen werden. 1494 verpflichtete sich das Kloster Benediktbeuern zum Unterhalt der Straße, sie „zu machen, zu verwarn und in gutem wesen" zu halten für alle, die „mit Kaufmanns gutt und andrer ware" darauf ziehen wollten.

Den ersten großen Reisezug hatte die Straße 1497 zu bewältigen, als Herzog Erich von Braunschweig nach Tirol zog um seine Braut heimzuholen. Weil so ein Zug den ganzen Hofprunk in hunderten von Wagen mit sich führte, war er eine echte Bewährungsprobe. Bei Steigungen bis zu 25 Prozent war die Fahrbahn einspurig angelegt. Weil die Wagen zehn- und zwölfspännig hinaufgebracht wurden, mußte Vorspann geleistet werden; Praxer gingen jedem Wagen voran und regelten die Begegnungen an den Ausweichstellen. Nach jedem stärkeren Regenguß mußte Geröll weggeräumt werden. Die Sorge für all diese Arbeiten lag beim Kloster. Aber die Mühe lohnte sich. Die Kesselbergstraße wurde zur bevorzugten Handelsstraße.

Als strategisch wichtiger Punkt hatte Benediktbeuern allerdings auch erhebliche Lasten in Kriegen zu tragen. Andererseits erhielt es eine Poststation; 1664 wurde ein regelmäßiger Postenlauf eingerichtet von München nach Innsbruck „mit Unterlegungen zu Wolfratshausen, Benediktbeuern-Laingrub, Wallersee (Walchensee) und Mittenwald.

Auf dieser Poststraße reiste 1786 Johann Wolfgang von Goethe nach Italien. Am Walchensee nahm er die Harfnertochter Mignon in seinen Wagen; während er den Vater hinterdreinlaufen ließ, kam er mit der Tochter zu den Erlebnissen, die ihn später sein Gedicht

„An Mignon“ schreiben ließen, in dem es heißt:

„. . . Niemand ahnet, daß von Schmerzen
Herz im Herzen
Grimmig mir zerrissen ist . . .“

Damit wurde auch der Anschluß an die Weltliteratur hergestellt. Den Märkten an der alten Weinstraße, Weilheim, Murnau und Partenkirchen hat die Kesselbergstraße viel Verkehr entzogen. Zu ihrem Glück kamen jedoch die Klöster des Pfaffenwinkels wenige Jahrzehnte später zu ihrer großen wirtschaftlichen Blüte. Aus den Handelsmärkten wurden Handwerkerorte und Künstlerstädtchen. So blieb auch die bürgerliche Welt im Pfaffenwinkel in Ordnung. Die heutige Kesselbergstraße ist eine moderne Autostraße geworden. Sie hat weder eine gefürchtete Steigung noch braucht man einen Praxer für die Regelung an den Ausweichstellen. Man braucht nur einen sonnigen Tag, damit man die Aussicht genießen kann.

Abschied des Postillions von Wessobrunn

Am 30. Oktober 1912 wurde die Motorpostlinie Landsberg-Weilheim in Betrieb genommen. Auf der festlichen Fahrt mit vielen Honoratioren hielten die Omnibusse in jedem Dorf zu einer Feier an. Für Wessobrunn hatte der Weilheimer Amtsrichter Ferdinand Kurz ein Gedicht verfaßt, das Fräulein Betty Böglmüller in der schmucken Uniform eines Postillions mit Posthorn „in mustergiltiger Weise zum Vortrag brachte“:

Lebt wohl ihr Pferde! ihr geliebten Kutschen!
Ihr traulich stillen Ställe lebet wohl!
Der Postillon wird nicht mehr in euch wandeln,
der Postillon sagt euch jetzt: Lebewohl!
Ihr Straßen, die ich fuhr in flottem Trabe,
Ihr Bäume dort, o grünet lustig fort!
Das Echo, das ich aufgeweckt oft habe,
Es steht verlassen nun an seinem Ort.
Ich blase nicht mehr hier die schönen Lieder,
Es geht der Postillon und nimmer kehrt er wieder.

Ihr Plätze alle, meine stillen Freuden,
Die kühle Kneipe auf den Straßenseiten,
Euch laß ich hinter mir auf immerdar,
Wo mir so manche Rast beschieden war. –
Denn eine andre Zeit ist nun gekommen:
Was durch Jahrtausend als genügend schien,
Das will der Menschheit nimmer ganz jetzt frommen
Und schwindet vor dem Besseren dahin. – –
Ich bin freiwillig nicht von hier gegangen,
Mich trieb von hier nach Fortschritt das Verlangen.

Statt meiner gelben Kutsche wird man schauen
Jetzt ein modernes Fahrzeug groß und schwer,
Und statt der warmen Ställe wird man bauen
Jetzt nur Garagen zu dem Postverkehr.
Statt Heu wird man Benzin jetzt nur begehren,
Und schneller geht die Fahrt den Berg hinan,
Und der Betrieb wird stärker sich vermehren
Und Lust bringen dieser neuen Bahn.
Wenn auch ein Teil Romantik geht zu Grunde,
Drum muß darob der Kluge sich bezwingen.
„Der Motor surrt, die Huppe soll erklingen!“

Die Echelsbacher Brücke

Gar steil war hier der Straße Lauf,
als noch nicht stand der Brücke Bogen,
drum kam manch Auto nur herauf,
wenn Pferd und Ochs als Vorspann zogen.

Dieser Vers steht in den Stein gemeißelt, der an den Bau der Echelsbacher Brücke erinnert. Ein großer Autoverkehr wurde erstmals 1930 zu den Oberammergauer Passionsspielen erwartet. Für ihn ging ein vierzig Jahre alter Wunsch in Erfüllung.
Schon am 8. Mai 1889 war nämlich zum erstenmal ein Plan zur Überbrückung der Ammerschlucht vorgelegt worden. Weil aber der Fuhrwerksverkehr auf den Straßen damals immer spärlicher wurde, sind die Pläne zwei Jahre später wieder zu den Akten gelegt worden. Automobile waren noch nicht im Verkehr, Eisenbahnen liefen den Straßen den Rang ab. Der Warenverkehr von Augsburg zum Brenner lief nicht mehr über die Echelsbacher Steige.
Wahrscheinlich schon in der Römerzeit, spätestens aber unter Kaiser Ludwig dem Bayern war eine Verbindung zwischen der Via Claudia im Lechtal und der Brennerstraße im Loisachtal geschaffen worden. Es mag zunächst nur ein Saumpfad gewesen sein, der bei Schongau von der Lechstraße abzweigte und über Peiting, Rottenbuch, die Echelsbacher Steige, Bayersoien, Saulgrub, Ammergau, Ettal und den Kienberg nach Oberau führte; dort fand der Weg Anschluß an die andere Römerstraße, die bis zur Säkularisation

„Weinstraße“ hieß. Die Klöster des Pfaffenwinkels brachten darauf den Wein aus ihren Südtiroler Gütern herauf.
Im 15. Jahrhundert blühte Augsburg zur Welthandelsstadt auf. Die Straßen nach Süden wurden so wichtig, daß die Fahrbahnen verbreitert und die Brücken verstärkt werden mußten. Ein geregelter Fuhrbetrieb wurde eingerichtet, die „Rott“. 1542 gab es in Schongau zwölf und in Ammergau neun Rottleute. Sie fuhren zu einem festgelegten Tarif die Waren der Kaufleute von einer „Niederlage“ zur andern. Auch der Vorspanntarif für die Echelsbacher Steige war in der Rottordnung festgehalten: fünf Kreuzer für jedes Pferd. Ohne Vorspann ging es beim Überwinden der Ammerschlucht nicht ab. Trotz der vielen „Reiben“, der engen Kehren kam die schmale Straße auf zwanzig Prozent Steigung. Nach starken Regengüssen und im Winter war sie mitunter wochenlang unpassierbar. Daran hatte sich über Jahrhunderte hinweg nichts geändert. So war es auch noch 1906, als einflußreiche Anwohner des Straßenbereiches ein „Comite für Erbauung einer Ammerbrücke zwischen Rottenbuch und Echelsbach“ gründeten.
Die königlich bayerische Regierung hatte aber andere Pläne. Sie wollte eine 67 Meter hohe Staumauer errichten, auf deren Krone eine Straße die Ammerschlucht überwinden sollte. Ein fjordähnlicher Stausee wäre entstanden, der sich bis über die Schleierfälle hinaus nach Süden hingestreckt hätte. Davon versprach man sich dreierlei: Strom aus einem Elektrizitätswerk, eine Sicherung vor den Ammerhochwassern und eine langsamere Verlandung des Ammerseenordufers.Der erste Weltkrieg hat einen Strich durch diese Rechnung gemacht.
1928 wurde das Straßen- und Flußbauamt Weilheim beauftragt, einen Wettbewerb zur Überbrückung des Ammertales bei Echelsbach auszuschreiben. 25 Bewerber legten 50 Entwürfe vor. Darunter war eine einzige Bogenbrücke. Sie wurde mit dem 2. Preis bedacht. Als Wettbewerbssieger war ein Viadukt mit fünf Öffnungen hervorgegangen. Warum sich das bayerische Innenministerium trotzdem für die Bogenbrücke entschied, lag an deren erheblich geringeren Baukosten. So gesehen ist die heutige Form der Echelsbacher Brücke das Ergebnis einer Sparmaßnahme. Auf 730000 Reichsmark war sie veranschlagt.

Die Arbeiten begannen am 8. November 1928 mit dem ersten von insgesamt 4712 Sprengschüssen. Im Winter herrschte ungewöhnliche Kälte. Für die Woche vom 10. bis 16. Februar 1929 steht im Bautagebuch eingetragen: „Temperaturen zwischen (–)19 und (–)28 Grad. Infolge der starken Kälte, durch die ein Einfrieren der Bohrschläuche unvermeidlich war, mußten Bohr- und Sprengarbeiten ruhen. Die Leute wurden in der Hauptsache durch Lagerarbeiten beschäftigt." Trotzdem: nach 422 Tagen, am 4. Januar 1930 konnte die Straße dem Verkehr übergeben werden.
Die technische Leistung wurde in der ganzen Welt bewundert. Durch ein völlig neues Verfahren, von Professor Spannenberg entwickelt, war die „Melanbauweise" erstmals für große Brücken verwendbar gemacht worden. Echelsbach wurde zum Wallfahrtsort der Brückenbauer. Für die Laien entstand eine Art achtes Weltwunder. Die Zahlen können uns heute noch beeindrucken: 130 Meter Spannweite, 3000 Kubikmeter Felsaushub, 3300 Kubikmeter Beton, 500 Tonnen Eisen, 87000 Nieten, 500 Kubikmeter Schnittholz für Schalung und Rüstung. Nur acht Wochen brauchte man für die Eisenkonstruktion, 14 Tage in Tag- und Nachtschichten für Einschalung und Betonierung der Bogenrippen. 70 bis 100 Mann stark war im Durchschnitt die Belegschaft. Es war eine gefährliche Arbeit, in schwindelnder Höhe über den Steilhängen.
„Am Samstag, den 4. V. 1929 ereignete sich kurz nach 12 Uhr ein tödlicher Unfall bei den Arbeitern des Eisenwerkes Kaiserslautern. Auf noch nicht einwandfrei geklärte Weise, wahrscheinlich aber durch ein schadhaft gewordenes Zuleitungskabel wurde die ganze Krananlage unter Strom gesetzt. Ein Arbeiter, der in der Nähe beschäftigt war und die Bauschiene des Kranes berührte, wurde tödlich getroffen." So steht im Bautagebuch das erste Todesopfer verzeichnet. Zwei weitere folgten: ein Arbeiter stürzte ab, ein anderer wurde von einem herabfallenden Transportkübel erschlagen.
Mit großer Spannung wurde der 28. Juni 1929 erwartet. Die Eisenkonstruktionen waren von beiden Uferhängen aus zur Mitte vorgetragen. Wer sich das betrachtete fragte sich: Ob sie richtig zusammentreffen? Knapp, aber nicht ohne Stolz vermerkt das Bautagebuch: „Am 28. ds. war die Eisenkonstruktion soweit vorgebaut, daß mit dem Herrichten der Schlußstücke für die mittleren Bogen-

rippen begonnen werden konnte. Die Seitenabweichung der beiden Brückenhälften betrug nur 2 cm und konnte mit einer Zugwinde, die von einem Mann ohne Anstrengung bedient wurde, behoben werden."

Und der Eintrag vom 26. November 1929, klingt er in seiner Kürze nicht ein wenig wehmütig? „Die staatliche Bauführung wird aufgelöst und nach Weilheim zurückverlegt."
Mitten im Winter, am 4. Januar 1930 wurde die Echelsbacher Brükke beinahe stillschweigend dem Verkehr übergeben. Erst am 27. April erfolgte die offizielle Einweihung.
Schon am Vorabend waren ringsum auf den Höhen Freudenfeuer entzündet worden. Auf der Brücke wurde ein Feuerwerk abgebrannt, mit der Morgendämmerung donnerten Böllerschüsse durch das Ammertal. Ungezählte Menschen waren zusammengeströmt, bei strahlendem Frühlingswetter zelebrierte Kardinal Faulhaber an einem Feldaltar den Festgottesdienst und vollzog anschließend die Weihe. Der bayerische Innenminister Stützle sagte: „Die Echelsbacher Brücke ist ein Ehrenmal deutscher Technik und ein Ehrenblatt in der Geschichte der bayerischen Staatsregierung".
Das Bauwerk zählt heute noch zu den bedeutenden Brücken der Welt. Besucher des Pfaffenwinkels fahren daran ebensowenig vorbei wie an der nahen Wieskirche, am Schloß Linderhof oder dem Kloster Rottenbuch.

Der Verfasser will hier mit dem Dank an seine Eltern abschließen. Kurz nach der Einweihung durfte ich mit ihnen einen Ausflug zur Echelsbacher Brücke machen: Mit der Eisenbahn bis Saulgrub und die übrigen sieben Kilometer zu Fuß. Wir brauchten den ganzen Tag dazu. So groß war in meiner Kindheit der Pfaffenwinkel!

(Daten und Zitate aus dem Bautagebuch entstammen Unterlagen, die das Straßenbauamt Weilheim zur Verfügung stellte.)

INHALTSVERZEICHNIS

I

Von Heiligen und Seligen, von Wundern und Legenden

Warum es so wenig Heilige und so viele Selige gibt, im Pfaffenwinkel 9
Die Heilige Hedwig von Schlesien 9
Die heilige Elisabeth von Thüringen 11
Die selige Mechthild von Dießen 12
Der selige Graf Rasso von Grafrath 14
Der Andechser Reliquienschatz und eine Kirchenmaus 17
Der beinahe selige Leipold von Breitbrunn 19
Das heilige Kreuz zu Polling 22
Die drei Quellen zu Wessobrunn 22
Das Ulrichsbrünnlein in Paterzell 24
Der selige Abt Waltho von Wessobrunn 24
Der Arm des heiligen Martinus zu Bernried 25
Die selige Herluka zu Bernried 27
Das Ettaler Gnadenbild 29
Der gegeißelte Heiland von der Wies 31
Die Viehseuche anno 1759 in Weilheim 35
Die Kapelle zu Mundraching 36
Die wundersamen Eier zu Maria Aich in Peißenberg 37
Der Sankt-Magnus-Stab und die Mäuse 40

II

Von Rebellen und allerhand Leuten, die zu ihrem Recht kommen wollten

Ein Herzogtum Pfaffenwinkel mit den Residenzen Pähl und Schongau 45
Der rebellische Chorherr Johannes Thorer zu Dießen 49
Der Filzdrack von Rottenbuch 52
Die Hardtkapelle bei Haunshofen 55
Die Pähler Bauernschlacht 57
Der Weilheimer Fuhrmann Georg Dietmair und die Schongauer Rottordnung anno 1533 63

Der Ammergauer Bierprozeß 65
Die Huldigung der Murnauer Bürger 67
Der Jägeradam von Iffeldorf 71
Die letzte Wahl eines Propstes zu Beuerberg 74

III
Von den Abenteuern des Spiegelschwaben und den Weilheimer Stückln

Wie der Spiegelschwab in Landsberg, der bayerischen Gränzstadt einzieht, und wie der Zoller von ihm den Judenzoll fordert 79
Wie der Spiegelschwab von den Weilheimer Stücklein erfährt 80
Wie der Spiegelschwab in die Hölle kommt, und was er dort erfährt 82
Von einem Abenteuer, das der Spiegelschwab mit einem Pfaffen gehabt 84
Das Gras auf der Stadtmauer 85
Der Galgendieb 87
Wie die Weilheimer eine Sau aufgehoben haben 89
Der Ratstisch aus zwölferlei Holz mindestens 93
Weilheimer Handarbeit 95
Das Eselsei 96

IV
Von den Geheimnissen, die in Tieren und Pflanzen verborgen sind

Der Angang 101
Von Bäumen, Kräutern und Wurzeln 102
Das Saichblüeml 102
Die Frau Hasel 103
Die Weiden 103
Die Kranawitt 104
Der Sävling und der Lärbaum 104
Von Tieren und anderen Geheimnissen 106
Die Schwalben 106
Der Weihrauch-Stein 106
Der Viehschelm 106
Die Atter (Otter) 107
Das Hahnenei 108

Der Gucker 108
Die Imb (Biene) 109
Laus 109
Das Rotschwänzl 109
Die Krott (Kröte) 110

V
Von Sagen und verborgenen Schätzen

Der Lindwurm von Murnau 113
Wie der Staffelsee entstand 115
Der Riesenwaller im Walchensee 117
Der Bilmesschneider 119
Der Branntweingeist 120
Das goldene Kegelspiel von Wessobrunn 121
Der Holzherr 123
Das Gögerlfräulein 125
Der Schatzberg bei Raisting 129
Der Schatz im alten Welfenschloß zu Peiting 131

VI
Von Wildschützen, Räubern, Mördern und Hexen

Die Wegelagerer von Ammergau 135
Mathias Klostermaier, der Bayerische Hiasl 138
Der Schwaiger Andreas von Feldafing 144
Die Riedlbande von Apfeldorf 147
Die Hexe von Steingädele 149
Das Geständnis der Hexe Anna Ritterin von Burggen im Schongauer Hexenprozeß 1589 bis 1592 157

VII
Von Straßen und Brücken

Das Steinerne Brückl bei Oberau 163
Die Ettaler Bergstraße 165
Die Kesselbergstraße 167
Abschied des Postillions von Wessobrunn 170
Die Echelsbacher Brücke 172

Christian Buck

wohnt in Weilheim und findet seine Freude daran, im Pfaffenwinkel immer wieder Geschichte und Geschichten auszugraben, denen droht, in Vergessenheit zu geraten. Daß er auch für die Gegenwart ein wachsames Auge hat, beweisen seine Glossen „Rund um die Mariensäule". Seit beinahe 25 Jahren nimmt er darin wöchentlich die Stärken und Schwächen seiner Heimatstadt aufs Korn. Bis vor einem Jahr war er Leiter der „Hardtschule" in Weilheim; nun ist er im „Ruhestand" und widmet sich voll der Schriftstellerei.

Hermut K. Geipel

wohnt in München. In seinen Bildern und Zeichnungen bannt er die Welt, wie sie ihm in Traum und Wirklichkeit begegnet. Nach Studien in Nürnberg, Rom und Florenz kam er bei Ausstellungen in München, Paris, London, New York und Boston zu wachsenden Erfolgen und weltweiter Anerkennung. Für die Illustrationen in diesem Buch reiste er den Geschichten nach, um an Ort und Stelle dieser eigenen kleinen Welt des Pfaffenwinkels zu begegnen.

Der Stöppel Verlag

will beginnen, die wachsende Nachfrage nach guter Heimatliteratur zu befriedigen. Zwischen wissenschaftlichen Fachwerken und gelegentlichen Artikeln in den Heimatausgaben der Tageszeitungen sieht er ein weites Feld, das, richtig bearbeitet, manche guten Früchte bringen kann. Das vorliegende Buch umfaßt in etwa die Landschaft, die der Stöppel Verlag in seine schriftstellerische Pflege nehmen will.

Irma und Rudi Mairle

Radeln im Pfaffenwinkel

Die 26 schönsten Touren, Radwanderungen und interessante Ausflugstips rund um Weilheim

STÖPPEL VERLAG

- Es gibt noch einsame Sträßchen, auf denen der Radfahrer nicht ununterbrochen an den Straßenrand gedrängt wird.
- Man muß sie nur finden!
- Jedes Blatt dieser Sammlung macht Ihnen einen erprobten Vorschlag.
- Selbstverständlich können Sie an jedem beliebigen Ort einer Tour Ihren Drahtesel besteigen; weil es Rundfahrten sind, kommen Sie immer wieder dorthin, wo Sie begonnen haben.

Christian Buck

Rund um die Mariensäule

Weilheimer Glossen aus 20 Jahren

Rund um die Mariensäule

oder

Wia des ausschaugt,
in ara Stadt wia Weilheim,
wenn ma net moant,
daß ma unbedingt alles
mit aram gwamperten Ernst
nehma muaß

Unsere Stadt in alten Ansichten

Eine Kunstblattmappe mit 14 Bildern und Kurzgeschichte

(einmalige numerierte Auflage)

Weilheimer Wanderbüchlein

Peißenberg – Weilheim – Penzberg

Jedem der 38 Wandervorschläge ist eine Wegskizze beigegeben. Weilheim ist der Mittelpunkt – doch die Wanderungen gehen bis Dießen, Andechs, Bernried, Tutzing, Bad Heilbrunn, Uffing, Peiting. Herausgeber ist der Kreis-Lehrer- und Lehrerinnen-Verband unter Federführung von Herrn Heinrich jetzt schon in der 5. Auflage

STÖPPEL VERLAG

Pöltnerstraße 1 8120 Weilheim

Telefon 0881/2628

Alle Bücher unseres Verlages sind im Buchhandel erhältlich.